Nuestros héroes

Carolina Aguilera

NUESTROS HÉROES

© 2002, Planeta Publishing Corp.

2057 N.W. 87th Ave.

Miami, FL 33172 (Estados Unidos)

Diseño de portada: Karla Noriega

Foto de Carolina Aguilera cortesía de Amy B. Marciano

Primera edición: agosto de 2002

ISBN: 0-9719-9503-6

Impreso en Colombia

Contenido

Nuestros héroes

◆

PRÓLOGO DEL ALCALDE
MICHAEL R. BLOOMBERG

Una de las cosas que hemos aprendido de lo desencadenado el 11 de septiembre es que podemos ser tan duros, tan resistentes y tan compasivos como siempre habíamos ansiado ser. Hemos mostrado tener la fortaleza para resistir y la voluntad necesaria para sobrevivir. Esto se debe, en parte, al coraje de los hombres y las mujeres que están al servicio de la comunidad: cientos de bomberos, policías y personas de los servicios de emergencia que nos dejaron un bello ejemplo a seguir.

Más de 2.800 seres humanos fueron separados de nosotros aquel día. Eran nuestros seres queridos, nuestros amigos, nuestros compañeros de trabajo y colegas, y formaban parte de lo mejor y más brillante de nuestra ciudad. Sentimos vívidamente su pérdida y siempre será así. Lo único que nos queda por hacer es dar gracias por haberlos tenido entre nosotros. Debemos recordar su valentía, su carácter y el precio que pagaron por nuestras vidas, por nuestra seguridad y por nuestra libertad. Prometemos comportarnos con el mismo coraje que ellos demostraron.

Tras el ataque terrorista contra nuestra ciudad, los habitantes de Nueva York se han apoyado los unos a los otros con el firme propósito de recuperarse y reconstruir su modo de vida. Una de las mejores formas de honrar la memoria de las víctimas es hacer aquello que ellas hubieran hecho: reconstruir, recuperar y renovar nuestro compromiso de hacer de Nueva York una ciudad más fuerte y más unida que nunca. En nombre de los 8 millones de habitantes de Nueva York, prometo que eso, exactamente, es lo que haremos. Es lo que estamos haciendo ahora. Es lo que los habitantes de Nueva York han hecho siempre. Que Dios bendiga la memoria de aquellos que perdimos y a nuestra patria.

Introducción

◆

Como casi todos los neoyorquinos, tengo imágenes indelebles del 11 de septiembre: el impacto de los aviones, el colapso de las dos torres, la profunda tristeza que envolvió a esta ciudad, las velas que aparecieron en todas partes, casi tan abundantes como las lágrimas. Y el recuerdo de bomberos entrando a los edificios de los que miles de personas estaban, desesperadamente, tratando de salir.

¿Quiénes eran? ¿Qué motiva a una persona a entrar a un lugar donde nadie en su sano juicio podría querer estar? ¿Qué los hace arriesgar su vida para salvar a completos desconocidos? ¿Cuál es el vínculo que los une, que es tan fuerte como para que ellos se llamen y se consideren hermanos? Eran preguntas que me asaltaban, frecuentemente, cada vez que escuchaba una sirena o pasaba por una compañía con la bandera a media asta.

Ese día, 343 bomberos murieron: demasiados para conocerlos a todos, demasiados para recordar sus nombres, su edad, o saber cuántos hijos tenían. Demasiados. El interés por conocer y escribir sobre los bomberos latinos era natural: soy chilena, vivo en Nueva York, soy periodista.

En una ciudad como esta, donde más de un cuarto de la población es hispana, los latinos representan un grupo minúsculo dentro del Departamento de Bomberos: aproximadamente 2,9%. En la mayoría de los casos, este es un oficio que se transmite de padres a hijos y esa tradición, sumada a una falta de intentos serios por atraer y reclutar a otros grupos, ha ayudado a mantener el statu quo. Hoy, el Departamento de Bomberos de Nueva York sigue siendo eminentemente masculino y, como varias décadas atrás, la mayoría de sus integrantes son descendientes de italianos e irlandeses*.

Esta es la historia de quince bomberos latinos que subieron al World Trade Center ese martes en la mañana y nunca volvieron a bajar. Muchos de ellos eran precursores: el único puertorriqueño en su compañía o uno de los primeros hispanos en el Departamento de Bomberos. Todos ellos estaban cumpliendo con su deber, el extraordinario deber de anteponer las vidas de otros a las suyas. Ésta es la historia de nuestros héroes.

Carolina Aguilera
Nueva York, julio de 2002
CarolinaAguilera@aol.com

*Nota de la autora: En este libro se mencionan estadísticas que diferencian a los bomberos latinos de los blancos y de los negros. Si bien ser hispano no es una raza —hay latinos blancos, negros y de varios otros grupos raciales—, tales cifras son inevitables. Provienen del Departamento de Bomberos que, como muchos organismos en Estados Unidos, considera a los latinos un grupo racial aparte, al margen de su color de piel.

Calixto Anaya Jr.

◆

PRIMERO, LA BANDERA

En 1996, Calixto Anaya cumplió una de sus aspiraciones. Compró una casa en Suffern, 52 kilómetros al norte de la ciudad de Nueva York, un lugar que le parecía ideal para echar raíces y criar a sus hijos. Y, tal como se había prometido, antes de poner un clavo o pintar una pared, izó la bandera de Estados Unidos frente a su nueva casa. «Hay que mantener el sueño vigente» aparece diciendo en el video que la familia grabó ese día. «El sueño americano tiene que seguir vivo».

Anaya —a quien todos llamaban «Charlie»— era un ferviente creyente en el sueño americano y en los sacrificios necesarios para defenderlo. Hijo de inmigrantes puertorriqueños, estaba convencido de que en Estados Unidos cualquiera que trabaje duro puede lograr lo que él tenía en ese momento: una familia, una casa y un auto. Y no olvidaba —ni dejaba que nadie olvidara— que para proteger la libertad de este país miles de personas habían

13

dado su vida. La bandera simbolizaba todo eso. Por eso quería que, dondequiera que él estaba, la bandera ondeara en alto. Cuando iba a la playa o de camping, sus acompañantes sabían qué era lo primero antes de que pudieran sacar las toallas o abrir la carpa. «A veces nos daba un poco de vergüenza, porque en cualquier parte que estábamos, ponía la bandera», dice Trisha Abato, madrina de Rebecca, la hija menor de los Anaya. «Pero a él le daba lo mismo. Estaba orgulloso de ser estadounidense y quería que todos lo supieran».

De hecho, Anaya creía que no demostrar orgullo patrio era una razón para sentirse mal. «Debería darte vergüenza», le dijo a Michael Spitaleri, uno de sus mejores amigos, porque no tenía una bandera en su casa. Y se molestó al ver que en el garaje de Tom Clarke, la bandera estaba en el suelo. Anaya la levantó, la dobló en la forma establecida y le recordó a su amigo que muchos soldados habían luchado para defenderla. «Para él, la bandera era algo muy serio. Con eso me demostró qué sentía por este país y cuánto lo amaba», dice Clarke. En el Departamento de Bomberos de Rockland County, donde sirvió como voluntario durante cinco años, Anaya «quería que todo lo relacionado con la bandera se hiciera siguiendo la letra de la ley», recuerda Ken Carr, presidente del Departamento. Anaya arregló la luz afuera de la compañía número 1 de voluntarios de Suffern con el único fin de que, como lo exigen las regulaciones, la bandera estuviera iluminada de noche.

Anaya fue siempre un patriota, pero sus sentimientos se intensificaron tras hacerse marine. A los 18 años sorprendió a su familia con la noticia de que se acababa de integrar a ese cuerpo uniformado. «Muchos en la familia no estaban de acuerdo con que se enlistara», recuerda su prima, Jessica Anaya. «La segunda generación [en Estados Unidos] creía que lo mejor era obtener una educación, ir a la universidad». Pero Anaya no era una persona que pidiera permiso ni opiniones de nadie. Y si bien al comienzo le fue difícil estar lejos de su familia durante largas temporadas —su hermana Melissa recuerda que durante los primeros meses que estuvo asignado en Japón, llamaba llorando a casa—, Charlie Anaya estaba hecho para los marines. Ahí encontró la disciplina y camaradería que buscaba, y cumplió el anhelo de servir a su país. «Amaba a los marines más que cualquiera que yo conozco», cuenta Monique Lancberg, quien sirvió con él, a mediados de los años 90, en la unidad de reservistas en Floyd Bennett Field, Brooklyn.

Después de cuatro años, Anaya pasó a la reserva. Seguía estando orgulloso de ser un marine, pero a los 22 años quería asentarse y formar una familia. Decidió volver a Nueva York, donde nació y vivió hasta que era adolescente. En 1981, sus padres se habían mudado a Kissimmee, Florida, pero Charlie, el mayor de tres hijos, nunca se sintió a gusto en ese lugar. Extrañaba la vida de ciudad, por lo que tras retirarse del servicio activo se quedó en la casa de uno de sus tíos en Brooklyn.

Ahí se convirtió en una especie de hermano mayor de sus primas, con protección y peleas incluidas. Él era un hombre muy tradicional, por lo que no le gustaba la idea de que su hermana o sus primas usaran maquillaje o ropa que él consideraba demasiado reveladora, ni que tuvieran novio antes de los 18 años. «Y cuando tuve novio, él quería entrevistarlo para asegurarse de que era una buena persona», dice su hermana, Melissa.«Y si me hacían daño, le tenían que rendir cuentas a él».

Era igual con sus primas, lo que garantizaba que hubiera discusiones cada vez que él trataba de actuar como un padre protector. «Eres mi primo y no tengo por qué hacerte caso», era la respuesta frecuente de Desiree, once años menor que Anaya. Kimberly recuerda que a veces tomaban juntos el metro —ella al colegio y él a su trabajo como empleado de seguridad de un hotel— y Anaya no dejaba que nadie se le acercara. «Si alguien me miraba demasiado rato, él empezaba a observarlo y ponía su brazo alrededor de mí, como diciendo: "Está conmigo, no la mires"». Todo eso duró cerca de un año. «En cuanto conoció a Marie, rara vez lo volvimos a ver», agrega Kimberly.

* * *

Marie-Laure Maurin trabajaba como secretaria en Manhattan cuando un amigo le presentó a Charlie Anaya. Inmediatamente empezaron a salir. Quince días después, él le dijo que quería conocer a sus padres para saber de qué tipo de hogar provenía y qué valores le habían inculcado. «Un par de cervezas más tarde, ellos eran grandes amigos y yo era la mala de la película», cuenta Marie riendo. Quizá por eso nadie en la familia alegó que era demasiado pronto cuando, dos semanas después, Anaya le pidió matrimonio. Claro que ella no lo tomó muy en serio: le dijo que no le iba a creer hasta que llegara con un anillo. Anaya le pidió dinero prestado a una tía y compró un anillo de compromiso. El 27 de abril de 1990 —cinco meses después de conocerse— Charlie y Marie se casaron. Él tenía 23 años. Marie, 25.

Aproximadamente nueve meses después, el presidente George Bush anunció el comienzo de la operación «Desert Storm» para liberar a Kuwait de la invasión de Iraq. Charlie Anaya decidió reenlistarse. Como dice Tom Clarke, «servir una vez al país es suficiente, pero él decidió hacerlo una segunda vez». A la familia de él no le gustó la idea —pensaban que su deber era quedarse con su esposa—, pero Marie no quiso interponerse, a pesar del riesgo y del sacrificio que para ella representaba que su marido fuera a la guerra. «Pasé de vivir en casa con mis padres a estar sola en un departamento», recuerda. Anaya fue a entrenamiento a Carolina del Norte, pero la guerra terminó en un par de meses, antes de que su unidad viajara al golfo Pérsico.

Al volver formaron la familia que Charlie consideraba ideal: él trabajaba repartiendo paquetes para UPS y ella se quedaba en casa. Tuvieron a su primera hija, Kristina Marie, y cuando Marie quedó esperando a Brandon decidieron mudarse de Queens a Suffern, donde podrían criar mejor a los niños. «En eso consiste la vida», le decía frecuentemente a Tom Clarke. «En casarse, formar una familia y hacer lo correcto». Clarke, que es un año menor que Anaya, disfrutaba su vida de soltero y no tenía ningún apuro en seguir los consejos de su amigo: «Cásate, ten hijos y vete a vivir a los suburbios».

Anaya tenía casi todo lo que siempre había querido pero estaba insatisfecho con su trabajo. «Mi marido era como John Wayne. Quería ir y arreglar el mundo», dice Marie. En Suffern se integró como voluntario a la compañía de bomberos. Según ella, en cuanto Anaya vio «el demonio rojo» —una expresión común de los bomberos—

no hubo vuelta atrás. El ex marine se fijó una nueva meta: el Departamento de Bomberos de Nueva York. Le atraía el riesgo, la posibilidad de ayudar a otros «y estaba orgulloso de empezar una tradición con su hijo», dice Marie. Desde que empezó a hablar, Brandon ha dicho que quiere ser bombero y Anaya lo llevaba a la compañía, lo montaba en el carro y hacía que su hijo le ayudara a lavarlo. Por supuesto, el primer disfraz de Halloween de Brandon fue de bombero.

Anaya empezó a prepararse para los exámenes del FDNY* ante el escepticismo de varios. «Yo me reía de él», recuerda Mike Spitaleri, su amigo y colega de UPS. «Le decía: "Charlie, ni siquiera eres capaz de correr una milla. Fumas, estás demasiado gordo y eres viejo. Jamás te van a aceptar en el Departamento de Bomberos"». Como siempre, él hizo caso omiso de los comentarios. Estudió para el examen escrito y se puso en forma para la prueba de resistencia física. Después de tres años de espera, Anaya ingresó a la academia de bomberos el 2 de mayo de 2001. A los 34 años, era el mayor de su curso. Tras terminar las clases, fue asignado como bombero a prueba —*probie*— a Engine 4, a sólo siete cuadras del World Trade Center. Trajo consigo la formalidad militar, poco común en las compañías de bomberos. «Siempre respondía "Sí, señor; no, señor". Los marines le habían lavado el cerebro», sonríe el teniente Andrew Graf, de Engine 4.

Con horas extraordinarias y pago de vacaciones, el salario de un bombero recién graduado de la academia oscila alrededor de los 35.000 dólares al año. Para los Anaya

---

*Departamento de Bomberos de Nueva York.

era una baja significativa en sus ingresos. «Fue difícil. Comimos un montón de porotos y tallarines por mucho tiempo», dice su esposa. Pero era lo que él quería y, una vez más, Marie le dio todo su apoyo.

Como parte de la iniciación de todo *probie*, es común que los otros bomberos les pongan algunas dificultades con el único fin de ver cómo reaccionan bajo presión y qué se puede esperar de ellos en una emergencia. «Pero nosotros siempre comentábamos que no podíamos hacerle daño a Charlie, que no debíamos presionarlo mucho porque estaba demasiado feliz acá», recuerda Daniel Baron, uno de los bomberos de Engine 4. Para todos era obvio: desde que lo aceptaron en el FDNY, nadie le borraba la sonrisa a Charlie Anaya.

En su casa, él no se dedicaba precisamente a las tareas domésticas. Ése era trabajo de Marie. Pero en la compañía de bomberos, se espera que los novatos colaboren más que el resto con la limpieza y mantenimiento del lugar. Y Anaya no era alguien que faltara a su deber o que lo cumpliera a desgano. Por eso, cuando estaban en Engine 4 esperando una alarma, lo más probable era que él estuviera en la cocina, lavando torres de platos y ollas. Como él siempre decía: hay que hacer lo correcto. Trisha Abato recuerda la ocasión en que le preguntó cómo uno podía estar seguro de que estaba haciendo lo correcto. Sin detenerse a pensarlo, Anaya le respondió: «Cuando uno no se tiene que preguntar».

* * *

El 11 de septiembre, Anaya empezaba a trabajar a las nueve de la mañana. Pero, como tantas otras veces, salió de Suffern a las seis y media para poder llegar a Engine 4 más de una hora antes de que comenzara su turno. Pasó a buscar una bolsa de bagels que Marie había ordenado la noche anterior —por tradición, quienes comienzan el turno de la mañana, sin importar su rango, llevan algo para el desayuno— y manejó a Engine 4, que comparte cuarteles con Ladder 15 en South Street.

A las 8.46, el vuelo 11 de American Airlines se estrelló contra la torre norte y los bomberos de Engine 4/Ladder 15 fueron de los primeros en responder a la alarma. Trece hombres de ambas compañías empezaron a subir las escaleras de la torre norte.

Un bombero cargando gran cantidad de equipo pesado se demora cerca de un minuto en subir cada piso de un rascacielos como el World Trade Center. Ese día, decenas de compañías recibieron distintas misiones: ayudar en la evacuación, rescatar a atrapados en ascensores —había 104 elevadores en cada torre— y, por supuesto, combatir el incendio en los pisos más altos. Cientos de bomberos estaban repartidos por la torre norte cuando, un minuto antes de la diez de la mañana, el edificio empezó a temblar. Todos sintieron que algo gigantesco e inexplicable estaba cayendo hacia ellos. Para su asombro, la avalancha invisible siguió de largo, sin siquiera rozarlos. Nadie en el edificio sabía, ni podía imaginar, lo que acababa de ocurrir. Por radio, y desde el piso 35, el comandante de batallón Richard Picciotto preguntó lo que todos querían saber: «¿Alguien sabe qué pasó?». Unos segundos más tarde llegó la respuesta que parecía no tener sentido: «La torre cayó».

Cerca de un minuto después —una vez que los bomberos habían entendido y asimilado el mensaje—, Picciotto dio la orden de evacuar: «Dejen su equipo y abandonen el edificio. Todos. De inmediato».

Las radios del Departamento no funcionan bien en rascacielos y muchos bomberos jamás escucharon las instrucciones. Otros no alcanzaron a salir. A las 10:29 de la mañana, menos de media hora después de que se dio la orden de evacuar, la torre norte colapsó. Ninguno de los bomberos de Engine 4/Ladder 15 había logrado salir.

El 1 de noviembre de 2001, 246 *probies* se graduaron como bomberos. Las sillas de seis de ellos estaban vacías. En su lugar había camisas azules del uniforme de gala de los bomberos y cintas púrpuras en señal de luto. Por primera vez en la historia, el Departamento entregó diplomas póstumos, fueron para los seis *probies* que fallecieron en el World Trade Center. Usando el sombrero de su padre, Brandon, de seis años, recibió el diploma de graduación de Calixto Anaya.

Cincuenta y un días después del ataque al país que tanto amaba, Anaya cumplió su sueño y se convirtió oficialmente en bombero de Nueva York. Pero ya el 11 de septiembre había logrado otro de sus anhelos. Un par de meses antes del atentado le dijo a Marie: «No me quiero morir viejo. No me quiero morir de un ataque al corazón. Yo me quiero morir en grande».

Faustino Apóstol Jr.

◆

LA MEJOR DE LAS VIDAS

Faustino Apóstol no podía creerlo. Deborah, una de sus dos nueras, acababa de contarle que estaba embarazada. «Me dijo: "Noooooo, es broma". Estaba totalmente en shock», recuerda. Lo que ella no sabía —y Apóstol no podía contarle— era que Jennifer, su otra nuera, también le había anunciado tres días antes que estaba esperando un hijo.

Apóstol iba a ser abuelo por partida doble, y durante un par de semanas tuvo que mantener el secreto. Fue sólo cuando Deborah y Justin organizaron un asado para toda la familia en el Labor Day, que los dos hermanos y sus esposas se dieron cuenta de que todos ellos habían estado esperando el momento oportuno para contar la misma noticia. Apóstol «estaba fascinado», recuerda Christopher, el menor de sus dos hijos.

El asombro y felicidad se repitieron siete meses después, cuando el bebé de Jennifer y Christopher se adelantó. Riley Apóstol nació el 28 de marzo de 2000, seis días antes que su primo Michael. Los nuevos abuelos, Faustino y Kathleen, estaban felices y agotados. Ni la cercanía de las fechas ni el hecho de que tuvieran que viajar más de una hora —en direcciones opuestas— para visitar a cada uno de sus nietos —uno vive en Floral Park, Long Island; el otro en Bayville, Nueva Jersey— podían evitar que estos abuelos de Staten Island pasaran todo el tiempo posible con los recién nacidos.

De hecho, cuando Jennifer estaba en el hospital, preparándose para la cesárea, nerviosa y con las visitas prohibidas, Apóstol se las arregló para entrar a verla. Le dijo a las enfermeras que su nuera había dejado el auto estacionado en la zona de emergencia y que por lo tanto era indispensable que él recogiera las llaves. «Siempre se las arreglaba cuando quería algo», dice Jennifer.

Los Apóstol transformaron una pieza de su casa en salacuna para cuando los bebés llegaban de visita. «Siempre nos estaba esperando frente a la puerta cuando llegábamos y Riley empezaba a reír en cuanto lo veía», dice Jennifer. «Él le leía y jugaba con él». Según sus hijos, Apóstol era un excelente abuelo, tal como había sido un excelente padre. A pesar de sus largos turnos en el Departamento de Bomberos y de que siempre tenía otros trabajos para ganar dinero extra, se las arregló para ir a cada partido de béisbol de Justin y Christopher cuando eran niños y de pasar gran cantidad de tiempo con ellos y con su esposa.

Los padres de Apóstol —Lena y Faustino Sr., una venezolana y un filipino— se separaron cuando él era niño y nunca fue cercano a ellos ni a sus dos hermanas. «Siempre tuve la impresión de que quería lograr que su familia fuera distinta a la familia en la que él creció», dice Jennifer. E incluso años antes de que Jennifer y Deborah se casaran con sus hijos, Apóstol también las consideraba parte de la familia. «Su gentileza era mucho mayor de la que uno espera de un suegro. Él era un amigo», dice Deborah. Cuando ella era novia de Justin y trabajaba en Staten Island, en ocasiones se quedaba a dormir en la casa de sus futuros suegros y Apóstol la iba a dejar a su oficina. Deborah recuerda: «Me ayudó con mi primer trabajo y me aconsejó cuando tuve que sacar mi primer seguro de auto. Pequeñas cosas así, que son importantes cuando uno tiene 21 años. Y él no sabía que yo me iba a casar con su hijo. Nosotros fuimos novios durante ocho años antes de que nos casáramos».

Con Jennifer era exactamente igual. Ella recuerda una vez que se fue directo de las clases de baile a la casa de los Apóstol, donde se iba a cambiar para ir a una boda. Cuando llegó se dio cuenta de que, como estaba usando una malla, se había olvidado de traer ropa interior, así que le pidió a Apóstol que la llevara en auto para que ella pudiera ir de compras. Pero él asumió más que el papel de chofer. «Lo escuché gritar de un lado a otro de la tienda: "Jen, ¿cuál es tu talla de sostén?" No podía creer que estuviera haciendo esto, pero me dijo, "No, no hay problema. Yo le compro cosas a Kathy todo el tiempo"».

Kathleen y Faustino Apóstol veraneaban todos los años en Wildwood, Nueva Jersey. No era que a él le gustara la playa —odiaba el calor y le molestaba el sol— pero disfrutaba viendo a su familia pasarla bien. Y sus hijos siempre llevaban a sus novias y luego esposas. «Desde que yo empecé a salir con mi marido íbamos de vacaciones a Wildwood. Salíamos todos juntos a comer, de compras, a la playa. Hacíamos todo con ellos, como si fueran una pareja de amigos», recuerda Deborah. «Mis amigos pensaban que eso era extraño».

Si Deborah y Jennifer estaban impresionadas con lo cariñosos que eran sus futuros suegros hacia ellas, admiraban aún más la relación entre ambos. Kathleen Neville y Faustino Apóstol se conocieron cuando eran adolescentes —ella tenía trece años; él, quince—. Tras 33 años de matrimonio, todavía se llamaban «amor». Jennifer recuerda: «A veces estábamos en el supermercado y él la llamaba "¡Amor, amor!" como si ella fuera la única persona a la que la podían llamar así».

No es que ellos fueran demostrativos en público —de hecho, Apóstol molestaba a sus hijos y nueras cada vez que ellos se tomaban de la mano o se hacían cariños: «¿Qué pasa, Jen, tienes las manos frías?» «¿Uy, te duele el cuello?»—, pero el lazo entre ellos era evidente en la forma en que se miraban, en las largas caminatas que les gustaba tomar solos y en el esfuerzo que siempre hacían para pasar tiempo juntos. «Era muy agradable estar con ellos, porque uno veía el amor que sentían el uno por el otro», dice Deborah.

«Yo vengo de una familia con muchos divorcios», agrega Jennifer. «Y le comenté a mi marido que [Faustino y Kathleen] eran una de las pocas parejas que nos mostraban que el amor verdadero puede durar durante muchos años. Ellos eran un gran ejemplo».

Una vez al mes, Apóstol salía con cuatro amigos —Anthony Castano, Richard Ardisson, Michael Termini y Joe

Ebert—, todos ellos bomberos. Iban a cenar a Nueva Jersey o pasaban el fin de semana en Atlantic City. Sus amigos se habían acostumbrado a que en algún momento del viaje, Apóstol los mirara y les dijera con una gran sonrisa: «¿Quién tiene una mejor vida que nosotros?».

Y aunque le encantaban esos viajes, para el segundo día Apóstol «se moría de ganas de ver a su esposa», recuerda Anthony Castano. De hecho, a fines de agosto, al regreso de su último paseo a Atlantic City, Apóstol le habló de Kathleen a Richard Ardisson: «Uno pensaría que después de tantos años da lo mismo. Pero no importa cuánto tiempo llevemos juntos, cada vez que estoy lejos de ella, la echo muchísimo de menos».

***

Poco después de que el avión de American Airlines se estrelló contra la torre norte, Apóstol se dirigió al World Trade Center junto al jefe de Battalion 2, Bill McGovern, de quien era asistente. Había estado en ese puesto durante 20 años y si le gustaba tanto era porque, incluso para los estándares de los bomberos, era un trabajo cargado de acción. «Él siempre quería estar activo, y a uno le toca correr mucho más con el batallón», dice Castano, otro de los asistentes de Battalion 2.

Battalion 2 tiene seis compañías de bomberos a su cargo, por lo que cada vez que una de ellas tiene que responder a una alarma, el jefe de batallón va al lugar y con él, su asistente, que se encarga de las comunicaciones por radio y se convierte en los ojos y oídos del jefe.

La mañana del 11 de septiembre, los bomberos de Battalion 2 estaban trabajando en los cuarteles de Engine

24 y Ladder 5, en el West Village. Ya desde la compañía y antes de montarse al carro, todos ellos podían ver los pisos más altos de la torre norte ardiendo.

Al llegar, Apóstol llamó a su esposa. «Desde cada incendio, siempre llamaba a mi mamá», dice Christopher. Le dijo que estaba bien; no quería que ella se preocupara. Luego empezó a subir las escaleras de la torre norte.

Después de las diez de la mañana se encontró con uno de los bomberos de Engine 24, que había llegado en un grupo aparte. Él le dijo a Apóstol que había escuchado por radio la orden de evacuar y que ambos debían salir de inmediato del edificio. Pero el deber de Apóstol era acompañar constantemente al jefe y él «nunca salía de un incendio sin la gente con la que había entrado», recuerda Castano. «Si entraban juntos, salían juntos». Apóstol le respondió que iba a esperar a McGovern. El bombero de Engine 24 alcanzó a evacuar. Apóstol y McGovern, no.

Apóstol tenía 55 años. Se había integrado al Departamento de Bomberos en 1973, tras combatir en la armada durante la guerra de Vietnam. Como todos los bomberos, se podía haber jubilado tras cumplir veinte años en el trabajo, y en algún momento le había dicho a su familia que sólo se quedaría hasta que Christopher se graduara de la universidad. Pero el menor de sus hijos ya se había graduado, empezado a trabajar, se había casado y tenido un hijo. Y a Apóstol le seguían sobrando las ganas de ser bombero. «Faust habría seguido trabajando hasta que lo echaran a la fuerza», dice Castano.

Con tantos años de servicio, Apóstol había visto retirarse a muchos de sus compañeros y sabía que varios de ellos estaban arrepentidos de su decisión: echaban de menos la vida en la compañía, la camaradería de hermanos y, por supuesto, la adrenalina, la acción. En los últimos años, cada vez que alguien le preguntaba cuándo pensaba retirarse del Departamento de Bomberos, él sonreía: «Cuando deje de ser entretenido».

Gerard Baptiste

◆

AHORA SOY AMERICANO

El 11 de marzo de 1971 —el día de su quinto cumpleaños—, Gerard Baptiste puso la cara contra la ventanilla. Cuando el avión alcanzó altitud de vuelo, se reclinó en su asiento y le dijo a su madre: «Ahora soy americano».

Hasta unos meses antes, la familia nunca había pensado en emigrar a Estados Unidos ni hablaba de este país como un lugar donde encontrar un mejor nivel de vida, o mayor libertad. La madre de Baptiste, Gladys Rodríguez, era contadora y su padre, Gerard Jean-Baptiste, un exiliado haitiano que había encontrado en República Dominicana un trabajo y una familia. Pero tras un acuerdo entre los gobiernos de Puerto Príncipe y Santo Domingo, en 1968 el sindicalista haitiano fue deportado a Venezuela.

Su esposa renunció a su empleo y se fue a vivir con él a Caracas, donde las oportunidades de trabajo eran escasas y la delincuencia muy alta. Tras un mes y dieciocho días, Gladys decidió que no quería que sus cuatro hijos se cria-

31

ran ahí y volvió con ellos a República Dominicana. Acordaron que Jean-Baptiste pediría visa para Estados Unidos y la familia se reuniría en Nueva York. Por eso, en su quinto cumpleaños, Gerard se encontró viajando con su madre y sus tres hermanos a un país desconocido, del cual poco o nada le habían hablado. No podía estar más feliz.

De niño le encantaba la idea de Estados Unidos. De adulto, le encantaba vivir en América. Con esa facilidad que tienen los pequeños, a los seis meses de estar en el programa Head Start «hablaba inglés como un profesional» dice su madre. «Él se enamoró del idioma y de la cultura americana. Eso era su pasión». Gerardito —como lo llamaba la familia— no sabía qué quería hacer cuando grande, pero estaba seguro de que deseaba ser conocido a nivel mundial. Y para conseguir esa meta, como le explicó a su mamá, era mucho mejor vivir en un país grande como Estados Unidos. «Él pensaba que como Santo Domingo era tan chiquito, no iba a tener oportunidad de que lo reconocieran», agrega Gladys con una sonrisa.

Según ella, el niño que se asustaba con la bandera dominicana y se escondía en su pieza mientras por televisión tocaban el himno nacional y mostraban la bandera —la forma en que tradicionalmente comienzan sus transmisiones diarias las cadenas televisivas de ese país—, se entusiasmó de inmediato con los símbolos de su nueva patria. Le interesaban los acontecimientos y la política de Estados Unidos, y ya a los nueve años se sentaba frente al televisor a ver las noticias y a escuchar los discursos del presidente Gerald Ford.

Sus tres hermanos, hijos del primer matrimonio de Gladys, viajaban frecuentemente a República Dominicana a visitar a su padre y a pasar las vacaciones. Baptiste jamás regresó. «Nunca le llamó la atención ni su cultura, ni su sistema político, ni su forma de vivir», cuenta Gladys María Méndez, su hermana mayor.

«Nos considerábamos estadounidenses primero y dominicanos después», cuenta Tomás Hiciano, con quien fue compañero en Head Start. Su familia había llegado a Nueva York cuando él tenía cuatro años y en cuanto conoció a Baptiste, los dos pequeños inmigrantes se hicieron grandes amigos.

Los padres de Baptiste se separaron cuando él tenía diez años y Gladys pensó en volver con sus hijos a Santo Domingo. «¿Crees que en la escuela de allá yo voy a encontrar un amigo que se llame Tomás Hiciano?», le preguntó el menor de sus hijos. Cuando Gladys le explicó que no, que Tomás Hiciano sólo estaba en Nueva York, el niño le respondió que entonces ella se fuera porque a él no lo movía nadie. Toda la familia terminó quedándose. «Desde pequeño era así, muy decidido», recuerda su madre.

A los diecisiete años, decidió cambiarse de nombre. Sus padres le habían puesto Juan Gerardo, pero como su hermano se llamaba Juan Francisco, una vez que llegaron a Estados Unidos empezó a haber confusión entre ambos Juanes. Y por su apellido compuesto, Jean-Baptiste, a veces sus documentos quedaban clasificados bajo la J, otras bajo la B. Así que él decidió que lo más simple era cambiarse el nombre a Gerard Baptiste.

Ese mismo año, Gladys Rodríguez se convirtió en ciudadana estadounidense y, junto a ella, sus hijos. Ahora sí, Baptiste era americano. Y quería servir a su país.

***

En la escuela secundaria, Baptiste se enroló en ROTC (Reserve Officer Training Corps), un programa del ejército que busca desarrollar disciplina y aptitudes de liderazgo en los estudiantes. «Le gustaba la estructura, la disciplina y los uniformes», cuenta Tomás Hiciano. Los jóvenes reciben créditos por esos cursos y cerca del cuarenta por ciento de quienes se gradúan de los programas de ROTC en el colegio terminan enrolándose en el ejército, según cifras del Departamento de Defensa. Baptiste fue uno de ellos.

«Eso era lo que él más quería en la vida: ser oficial del ejército de Estados Unidos», dice su hermano, Juan Méndez. Empezó su entrenamiento y, durante cerca de un mes, tomó clases teóricas sobre el uso de explosivos. Pero pocos días antes de que pudiera participar en pruebas sobre el terreno, sus superiores descubrieron algo que él no les había informado: que era daltónico. Su incapacidad para distinguir colores era un obstáculo insuperable en el manejo de explosivos y Baptiste fue dado de baja. «Estaba destrozado», recuerda Hiciano.

Estaba igual de decidido a seguir una carrera militar, así que tuvo que presentarse ante un tribunal del ejército y pedir que lo admitieran en la reserva. Baptiste se integró a la Guardia Nacional, primero en Nueva Jersey y luego en Nueva York. Era oficial de infantería, un área en la cual su daltonismo no representaba problema, y llegó al grado de teniente segundo. Según Peter Fusco, uno de sus compañeros de unidad en Nueva Jersey, por arduos que fueran los entrenamientos, Baptiste jamás perdió el entusiasmo de estar haciendo exactamente lo que quería. Uno de los ejercicios en el que participaron juntos había durado diez días y muchos de los hombres ya estaban cansados y no demasiado felices con la idea de defenderse del ataque programado para la mañana siguiente. Baptiste «pasó la noche entera revisando cada detalle, asegurándose de que todo funcionara bien y todos estuvieran en posición de disparo», recuerda Fusco. «Él hacía las cosas, y las hacía hasta el final. Era un líder».

La unidad a su cargo, en la Guardia Nacional de Nueva York, asistió al Centro Nacional de Entrenamiento que el ejército tiene en Fort Irwin, California, donde se somete a prueba a distintos grupos, para ver qué tan preparados están para el combate. «Su unidad fue elegida porque era la mejor entrenada, y una de las razones de eso era el aporte de Gerard», cuenta el mayor José Obregón, uno de sus superiores. «Él fue capaz de entrenar a sus hombres muy bien, y de prepararlos para ese ejercicio y esa prueba».

El rigor y la disciplina militar le vinieron bien en el Departamento de Bomberos. «Como tenía esa experiencia, sabía entrenar a otra gente», cuenta Daniel Rowan, un bombero de Ladder 9. «Era un excelente líder y le enseñaba a los más nuevos, aunque no llevaba mucho tiempo en el trabajo».

Baptiste había ingresado a la Academia de Bomberos en abril de 1997. Antes se había graduado como diseñador gráfico en Brooklyn Technical College y había trabajado tres años en una imprenta en Manhattan. Pero en 1991, debido a la recesión, perdió su trabajo. Se tuvo que ir a vivir con su madre y tras meses de buscar empleo sin resultados, decidió cambiarse a un rubro menos dependiente de los vaivenes económicos. Al poco tiempo, un amigo le habló de la camaradería y el espíritu de servicio del Departamento de Bomberos. Por supuesto, los rigores de la academia no eran algo que le preocupara y decidió que no tenía nada que perder presentando el examen.

***

Tras graduarse de la academia, Baptiste fue asignado a Ladder 19, en el South Bronx. Detestaba trabajar ahí. «Estaba muy molesto, muy infeliz», recuerda su hermano. Baptiste vivió buena parte de su infancia y de su juventud en Washington Heights, donde Gladys se mudó después de separarse de su marido. No era el mejor de los ambientes —en especial a fines de los setenta y durante los ochenta— y el menor de los hijos nunca se sintió a gusto en sus alrededores.

Desde muy joven, él fue una persona formal, tanto en su apariencia —«siempre se vestía muy elegantemente», dice Hiciano— como en sus modales. Jamás alzaba la voz, no le gustaban los chistes subidos de tono ni la gente ruidosa. «Parecía que era de la nobleza de Inglaterra», cuenta su madre. En la enseñanza secundaria, Baptiste asistió a Brooklyn Technical High School, una escuela pública para alumnos destacados. Con tal de ir a un colegio excelente, jamás le importó tener que cruzar todo Manhattan en metro para ir a clases en South Brooklyn. En cuanto pudo, Baptiste se mudó de Washington Heights al Upper East Side. Le gustaba ir a los bares y discotecas de última moda y sus amigos lo apodaron Mr. GQ.

Para él, tener que pasar días y noches en una compañía de bomberos en el South Bronx era dar un paso atrás: era volver a un barrio similar en el que había crecido y de donde había querido salir a toda costa. «Como él creció en ese ambiente, de veras no quería trabajar y vivir ahí», cuenta Barton Fendelman, de quien se hizo amigo en la Academia de Bomberos y con quien compartía un apartamento en Riverdale.

Afortunadamente para él, el Departamento de Bomberos había establecido el programa de rotación. Tras graduarse de la academia, todos pasan tres años en tres compañías distintas, para así familiarizarse con varios tipos de construcciones y de incendios. «Una de las cosas que tiene el Departamento de Bomberos es que hay lugar para todos. Lo único que uno tiene que hacer es encontrar el suyo», dice Fendelman.

Baptiste encontró su lugar en el número 42 de la calle Great Jones. Tras pasar poco más de un año en el Bronx, fue asignado a Engine 5, en Manhattan, cuyos cuarteles permanentes están en la calle 14. Pero ese edificio estaba en renovación, así que los bomberos estaban trabajando temporalmente en la sede de Ladder 9 / Engine 33, en Great Jones. Es una estación hermosa, que fue construida en 1898 para servir de sede de la jefatura del Departamento de Bomberos. «Los carros escarlata y dorados, tirados por caballos, y los valientes bomberos eran la envidia y la admiración de todos los niños», dice una placa a la entrada de la compañía. Trabajando con bomberos jóvenes, en medio del East Village, Baptiste se sintió como en casa.

Pero aún tenía que seguir su rotación, y un año después fue asignado a Engine 224, en Brooklyn, antes de regresar al Bronx, que iba a ser su puesto permanentemente. En 1999 logró que lo transfirieran de vuelta a Ladder 9.

Además de gustarle el trabajo y llevarse bien con sus compañeros, a Baptiste le encantaba el Village y las oportunidades que el barrio ofrecía para conocer gente. «Creo que es una de las razones por las que quería estar en downtown», dice Carlos Vásquez, teniente de Engine 33 y amigo de Baptiste. «Acá podía conocer gente, mientras que en otros barrios las compañías de bomberos mantienen la puerta cerrada y no se relacionan con los vecinos. Ser bombero en Manhattan es muy distinto a ser bombero en el Bronx».

Baptiste se hizo especialmente popular entre las mascotas del vecindario y sus dueños. Desde niño, a él le encantaban los perros. Su madre sufría de asma y de alergia a los animales, por lo que tuvo que regalar a su adorada Jesse, una mezcla de pit bull y pastor alemán. Durante días, lloró y le rogó a su madre que le comprara una mascota («aunque sea una culebra»). Nunca volvió a tener un perro (ni culebra, por cierto), pero disfrutaba alimentando a los del vecindario. «Le gustaba darle galletas a los perros», recuerda Vásquez. «Y en este barrio, parece que todos tienen uno». A sus compañeros les causaba gracia que Baptiste siempre anduviera con galletas para perros en los bolsillos y lo apodaron, simplemente, Galleta.

Baptiste además disfrutaba el estar en una compañía donde, igual que él, muchos de los bomberos eran jóvenes y solteros. Vásquez recuerda la última vez que vio a Baptiste. Iba junto a Manuel del Valle, uno de sus amigos de Engine 5, y Robert Evans, de 36 años, hacia Serafina, un club en calle Lafayette. Los tres, jóvenes y solteros, salían frecuentemente a las discotecas del barrio. Los tres murieron el 11 de septiembre.

Ese día, Ladder 9 / Engine 33 perdió a diez bomberos, cerca de la quinta parte de toda la compañía. Sus hermanos no olvidan y quieren que el resto tampoco lo haga. Por eso, a la entrada del número 42 de la calle Great Jones enmarcaron fotos de todos ellos. Y junto a la puerta, mantienen permanentemente una bolsa con galletas para perros. Un homenaje a Gerard «Galleta» Baptiste.

Rubén David Correa

◆

INSPECTOR GADGET

A las 9.04, los bomberos de Engine 74 recibieron sus órdenes. Debían ir a la torre sur, donde un par de minutos antes se había estrellado el vuelo 175 de United Airlines. Seis hombres se montaron en el carro. La West Side Highway estaba casi desierta, por lo que el viaje desde la calle 83 se hizo muy corto. «Normalmente en este barrio tenemos que hacer sonar la bocina varias veces y nadie se mueve», comentó Patrick Carey. «Ese día llegamos realmente rápido».

A los 30 años, Carey es uno de los bomberos más jóvenes de Engine 74. Él es el primero en reconocer que tiene mal genio, por lo que a veces no toma demasiado bien las bromas de sus compañeros. Y Rubén Correa era quien siempre lo tranquilizaba. «Oye, Patty, toma un dólar», le decía. «Piérdete por una hora. Tómate un café y cálmate un poco». Ambos pasaban mucho tiempo juntos, tanto en Engine 74 como en la sinagoga Rodeph Sholom, a una cuadra de la compañía, donde trabajaban como empleados de seguridad. Ahí, Correa era el jefe de Carey y Daniel Murphy, otro amigo y bombero, era el jefe de Correa, lo que a los tres les parecía muy divertido.

Al mando ese día estaba el teniente Ted Nichols, quien había llegado a Engine 74 sólo un año antes, por lo que el resto de los bomberos no sabían mucho de él, salvo su afición por las carreras Nascar. El chofer del carro era Michael Shagi, quien llevaba 28 años en el trabajo. Además de Carey, los otros en camino al World Trade Center eran: John Breen, baterista y gaitero en su tiempo libre, quien acababa de volver a Engine 74 tras rotar por compañías en Queens y el Bronx; Jeff Johnson, excelente esquiador y uno de los bomberos más antiguos de Engine 74, a pesar de lo cual no había perdido nada de su entusiasmo y agresividad a la hora de combatir incendios; y Rubén Correa, a quien sus compañeros apodaban Inspector Gadget porque siempre tenía las herramientas necesarias para cualquier situación. Carey recuerda: «Ese día, mirando a Rubén, pensé: yo no tengo cuchillo ni linterna...». Como de costumbre, Correa tenía el equipo más completo del grupo.

Él llevaba poco más de trece años como bombero, experiencia que en ciertos aspectos equivale a rango. «Un bombero con antigüedad juega un rol tan importante en la compañía como un buen oficial porque es el enlace entre los bomberos jóvenes y los oficiales, y el enlace entre el incendio y los bomberos», dice Daniel Murphy. Es el bombero experimentado quien se preocupa de que los más nuevos no se arriesguen innecesariamente, el que se fija en ellos durante un incendio y los aconseja cuando están de vuelta en la compañía. «Uno espera que ellos te ayuden, que te permitan usar su experiencia y Rubén siempre hacía eso», recuerda Carey.

Ese día, Correa se preocupó especialmente de los dos bomberos más nuevos del grupo, Patrick Carey y John Breen, quien se había graduado de la academia sólo tres años antes. En el carro, «yo iba a un lado con Jeff y Rubén estaba al otro lado, con John», recuerda Carey. «Estábamos todos un poco nerviosos y Rubén le estaba diciendo a John: "Tómalo con calma, mantengámonos todos juntos. Vamos a tener que caminar mucho, subir muchas escaleras". Y le seguía dando consejos».

Estacionaron en la esquina de West y Vesey, a tres cuadras de la torre sur. Había tantos escombros cayendo y tanta gente saltando, que los bomberos corrían peligro en la calle, así que decidieron entrar al Marriott. Por ahí podrían pasar a la torre sur. En el hotel se encontraron con un oficial que estaba separando a las compañías —Engines en un lado, Ladders en el otro— y asignando tareas a cada grupo. También se encontraron con algo que Carey jamás presenciado en un grupo de bomberos. «Uno podía ver el miedo. Espero nunca volver a ver eso».

Rubén Correa y Jeff Johnson volvieron a aconsejar a los más nuevos: «Mantengámonos juntos. Estén tan calmados como sea posible. Salvemos a las personas, hagamos nuestro trabajo y ojalá podamos volver todos juntos. Llegamos juntos; regresemos todos juntos».

Mientras esperaban que les dijeran qué hacer, Carey se acordó de que Correa tenía un teléfono celular. Era uno de esos que tienen accesorios de colores, y él lo combinaba con su ropa, lo que lo hacía blanco de bromas en la compañía. Carey le sugirió a Correa que llamara a su esposa. «Creo que una de las mejores cosas que he hecho en mi vida fue decirle a Rubén que llamara a Sue». Él le respondió que era una excelente idea, y se fue a una esquina.

* * *

Rubén David Correa —Rubén para los bomberos, Dave para su familia— y Susan Smith se conocieron poco después de que él regresó de los marines. Durante cuatro años había viajado por el mundo —Japón, Hong Kong, España— y le gustó tanto la experiencia que quería que Yvette, la mayor de sus tres hijas, también se enlistara. Ella optó por la universidad, una decisión que tenía igual de orgulloso a su padre.

Correa tenía 24 años cuando se casó con Susan, de 19. «Sue fue siempre su amor», dice Brenda Smith, prima de Correa. «Eran inseparables y muy felices juntos». Además de Yvette, de 20 años, tuvieron a Stefanie, de 16, y Brittani, de 11. Correa pasaba mucho tiempo con sus hijas: las llevaba a clases y actividades extra curriculares, se aseguraba de que estudiaran y obtuvieran buenas notas e incluso las acompañaba de compras. «Su vida giraba en torno a su familia», dice Murphy.

Él llevaba cerca de un año trabajando en la sinagoga y ese ingreso extra le había permitido darse pequeños lujos con su familia. En el verano de 2001 fue con Susan a Cape May, en Nueva Jersey, y volvió relajado y feliz. Él y su esposa decidieron que cada año se iban a tomar unos días de vacaciones solos. Además, Correa tenía planeado un viaje anual a Hunter Mountain, en los Catskills, a esquiar con Susan y las niñas.

También le encantaba cocinar para su familia. «Uno le pasaba las ollas y él se ponía a trabajar», recuerda su esposa. Con frecuencia, Stefanie era la asistente del chef: le gustaba acompañar a su papá y lo ayudaba a picar, pelar y lavar.

En la compañía «uno se ponía feliz cuando Rubén cocinaba», dice Murphy. A él le gustaba preparar platos para sus compañeros pero, sobre todo, ver que ellos disfrutaban con sus creaciones. Si no hacían un comentario favorable en cuanto probaban algo, él los interrogaba: «¿Qué pasa? ¿No te gusta? ¿Cuál es el problema?» Durante años, Correa fue el mejor cocinero de Engine 74, hasta que llegó un nuevo bombero: Joe Abbott, un ex chef. Cuando algunos de sus compañeros comentaron que la ensalada César —una de sus especialidades— le quedaba mejor a Abbott, Correa quedó muy ofendido.

En la compañía decían que él hablaba cuatro idiomas: inglés, español, *klingon* (el que hablan los extraterrestres de *Star Trek*, uno de sus programas favoritos) y un lenguaje propio, que los otros llamaban, simplemente, «rubenismo». En este idioma, expresiones sencillas terminaban de alguna manera convertidas en frases confusas y, en ocasiones, muy divertidas. *Hell`s Kitchen* se transformó en *Hell`s Chicken*, al bombero Lou lo llamó *Glue* (pegamento) y cuando alguien estaba contando demasiados chistes étnicos, él le dijo que terminara con los *racial snerds*, en vez de *racial slurs* (insultos raciales). En Engine 74 tenían una pizarra con una lista de «rubenismos» y en ocasiones hablaban de compilarlos en un libro.

A Correa le fascinaban las películas y cuando estaban en la compañía esperando que sonara la alarma, arrendaba varios videos. Lo que pocos podían entender era su fascinación con *El ataque de los tomates asesinos*. A veces salía de trabajar a las nueve de la mañana y tenía que volver a las seis de la tarde, para hacer otro turno de noche. En vez de regresar a su casa en Staten Island por unas pocas horas, se iba al cine. Cuando regresaba a la compañía, normalmente estaba entusiasmadísimo con la película, o películas, que acababa de ver.

El viaje de Staten Island al Upper West Side era largo, y en ocasiones Correa comentaba que iba a pedir que lo transfirieran a una compañía más cercana a su casa. Pero había pasado más de trece años en Engine 74 y «sabíamos que nunca se iba a ir», dice Steve Moss. Correa se había integrado al FDNY después de trabajar durante años en Fed Ex y su amor por el Departamento y por su compañía era claro. «Siempre quiso ser bombero», cuenta Yvette. «Le gustaba todo de su trabajo».

Los Correa se mudaron a Staten Island en 2000. Después de años de arrendar en Queens, compraron una casa. Por supuesto, Correa estaba feliz, hasta que un día llegó a la compañía silencioso y preocupado.

Acostumbrados a verlo de buen humor, sus compañeros le preguntaron qué pasaba, pero él se sentó en la mesa de la cocina, sin decir nada, con papeles y calculadora en mano. Después de un buen rato y visiblemente frustrado, le preguntó a los otros si sus cuentas del agua también eran tan altas. Ellos estallaron en carcajadas. Por error había recibido una cuenta de más de mil dólares y, por un par de días, pensó que ésa iba a ser la tarifa mensual ahora que era dueño de una casa.

Correa era uno de los más ordenados en la compañía. En su casillero tenía sus uniformes, su casco de los marines y objetos personales, todo en una posición precisamente determinada. Siempre le ponía llave. Según Moss, no era por temor a que le robaran, «sino porque alguien podía poner la crema de afeitar o la pasta de dientes en el lugar equivocado». El 11 de septiembre, luego de que llegó la orden de que fueran al World Trade Center, Correa dejó su casillero abierto.

* * *

Después de hablar con Susan, Correa le prestó su celular a Carey y Breen para que llamaran a sus familias. Los dos novatos tenían sus chaquetas abotonadas y él les dijo que las abrieran porque ya hacía calor en el edificio e iban a hacer mucho esfuerzo en las escaleras. A Breen le comentó que él también estaba asustado, pero que tenían que olvidarse de eso y cumplir su trabajo.

Engine 74 recibió la tarea de evacuar los pisos superiores del Marriott. Los cinco bomberos —Shagi, el chofer, se tuvo que quedar junto al carro— tomaron el ascensor hasta el 18 y luego subieron a pie. En el piso 22 estaba el gimnasio y una piscina. En el techo vieron un agujero: parte del tren de aterrizaje de uno de los aviones lo había atravesado y caído en el jacuzzi.

Forzaron una máquina de gaseosas y sacaron Gatorade y Snapple para todos: quién sabe cuántos pisos les tocaría subir una vez que llegaran a la torre sur, y el líquido les vendría bien. En el piso 21 se encontraron con un oficial de Engine 54, quien les dijo que al parecer no había gente en las habitaciones. Decidieron bajar rápidamente, golpeando en cada puerta para asegurarse de que no hubiera alguien durmiendo. Harían eso en los pisos más altos, para luego bajar al lobby y de ahí dirigirse a la torre sur, como les habían ordenado inicialmente.

«Estábamos caminando por el pasillo del piso 21, en una sola fila», dice Carey. «Eramos Jeff, el teniente Nichols, John, Rubén y yo. Estábamos todos un tanto nerviosos. Me acuerdo de que Rubén me dijo: "Hazme un favor. Fíjate en John, está un poco alterado. Cuidémonos entre todos". Recuerdo que Rubén dejó que John caminara adelante de él. Dejó que todos camináramos adelante de él. Estaba preocupado por nosotros, y así podía mantener la vista sobre todos. Él era el último en la fila».

De pronto, sintieron un rugido. «Todo empezó a caer sobre nosotros. Duró como 30 o 40 segundos», cuenta Carey. La torre sur había colapsado. Afuera, Shagi estaba ayudando a evacuar gente y tuvo que huir durante el derrumbe. En medio del caos, un auto lo atropelló.

Cuando el edificio dejó de temblar y los escombros dejaron de caer, hubo un largo silencio. El pasillo aún estaba oscuro, por la enorme cantidad de polvo. Luego, uno a uno, los bomberos empezaron a hablar. Carey: «Estoy bien». Johnson: «Estoy bien». Nichols: «Estoy bien». Breen: «Estoy bien». No hubo respuesta de Correa.

Tras gritar su nombre, los cuatro decidieron ir a buscarlo —y a los bomberos de otras compañías que iban atrás de él— en los pisos de abajo. Entonces se dieron cuenta de que parte del edificio había desaparecido. «Uno avan-

48

zaba por un piso, y en cierta parte no había nada, sólo un precipicio. Y luego el siguiente piso, el precipicio, nada», recuerda Carey. El teniente Nichols ordenó que evacuaran el hotel. Después podrían iniciar la búsqueda.

Estaban cerca del sexto piso, buscando una salida del edificio, cuando «la torre norte colapsó. Todo cayó sobre nosotros», recuerda Carey. En medio del caos, el grupo se dividió. Por más que gritaron, Nichols, Breen y Johnson no podían encontrar a Carey. Breen pensó que había muerto. Los tres encontraron una viga, y la usaron para deslizarse hacia afuera. Carey decidió saltar hacia una montaña de escombros que estaba a poco más de tres metros de distancia. No alcanzó a llegar. Terminó con un hueso roto y varias otras heridas.

Esa tarde, los bomberos de Engine 74 se enteraron de que tanto Carey como Shagi estaban en el hospital. Eso reavivó las esperanzas de algunos de ellos: quizá Correa también estaba herido, dentro o fuera del edificio. Pero su cuerpo nunca fue encontrado. Él fue el único bombero de Engine 74 que murió ese día.

Manuel del Valle Jr.

◆

TENIENTE

Manuel del Valle nunca había querido ser bombero. El hijo de un policía y de una enfermera obtuvo su licenciatura en negocios de la Universidad de Maryland en 1992. No era el mejor de los tiempos para un recién graduado y Del Valle empezó a trabajar vendiendo seguros. «En esa época no había muchas posibilidades de conseguir un buen empleo, así que ambos nos dimos vueltas un tiempo, de un trabajo en otro», recuerda Kevin Moultrie, con quien compartía una pieza en la universidad.

Sin haber encontrado algo estable, o que le gustara, Del Valle recibió la carta del Departamento de Bomberos: o se integraba de inmediato o perdía definitivamente su vacante. Él había presentado los exámenes de admisión varios años antes, más que nada para satisfacer a su padre, quien pensaba que su hijo iba a ser tan feliz en ese trabajo como todos los bomberos que él conocía. Ya lo habían llamado dos veces a la academia y las dos veces había dicho que no. Sin ningún entusiasmo, pero tampoco mejores opciones, decidió enrolarse. «Durante los primeros meses no le gustó la academia», recuerda Manuel del Valle Sr.

Tras graduarse, Del Valle quería que por lo menos lo asignaran a una compañía en el Bronx, donde había pasado gran parte de su vida. Por eso, más descontento estaba aun cuando lo mandaron a trabajar a Engine 5, en el East Village. Era el único puertorriqueño en la compañía y uno de los pocos con un título universitario. En parte porque su perfil era tan distinto al de sus compañeros y en parte porque, simplemente, ésa es la bienvenida que reciben los *probies*, de inmediato se convirtió en objeto de gran cantidad de bromas. «Le hacían muchos chistes de latinos», recuerda Josh Nathan, amigo de Del Valle desde la escuela secundaria. Él agrega que su reacción fue: «No están acostumbrados a alguien como yo, no me conocen, y yo los voy a educar».

No se demoró mucho. «Le dabas dos minutos a Manny y él te conquistaba», dice Yvette Velázquez, quien fue su novia en 2001. Del Valle no sólo hizo excelentes amigos en la compañía. Terminó dándole clases de español a varios bomberos e incluso convenció a un grupo de ellos —la mayoría descendientes de italianos e irlandeses— de que marcharan con él cada año, en el desfile del Día de Puerto Rico. «Era entretenido», dice Gavin McCutchin, uno de los amigos que participaba en el desfile.

Además, Del Valle disfrutaba trabajando en la calle 14, donde sobraban las oportunidades de conocer gente. «Era muy bueno con los niños», cuenta John McAndrews, uno de los bomberos de Engine 5. «Las escuelas siempre vienen de visita y él les mostraba el carro y hablaba con los niños».

Lo más importante fue que al poco tiempo se había enamorado de su oficio. «Día por medio me daba las gracias por haberse convertido en bombero», recuerda su padre. A Del Valle le gustaba todo de su trabajo: el ayudar a otra gente, la adrenalina de ir a un incendio, la vida en la compañía, el horario. Que los bomberos puedan acomodar sus turnos, para trabajar 24 horas seguidas dos días a la semana, le venía especialmente bien a alguien como él, que se la pasaba viajando de un lado a otro del país para visitar a sus numerosos amigos y parientes. «Cada vez que uno se daba vuelta, él andaba en un lugar distinto», dice Richard Carletti, otro bombero.

Su último viaje lo realizó en julio, cuando fue al matrimonio de su prima Marisol Torres en Puerto Rico. En una discoteca en la isla se fijó en una mujer. Conversando, descubrió que ella también vivía en Nueva York. La invitó a salir y aunque Yvette Velázquez dijo que sí, luego decidió que empezar una relación con alguien mucho menor —ella tenía 41 años; Del Valle, 32— y sin hijos —ella tiene dos— era demasiado complicado. En su primera cita le dijo que por esas razones no podían seguir viéndose. Del Valle respondió que si tenía un problema con la diferencia de edad, más valía que lo superara porque no se iba a alejar de ella. Y que tuviera hijos tampoco le importaba. «Entonces me empezó a hablar de su padrastro y a decirme que él le había demostrado que cuando uno quiere a una mujer, ama todo de ella», recuerda Yvette. Él le contó que su madre estaba divorciada, con dos hijos pequeños, cuando conoció a Peter Moyer. Del Valle agregó:

«Él siempre nos trató como si fuéramos suyos. Yo nunca sentí que era menos que un hijo de él».

***

Manuel del Valle Sr. y Gricel Zayas se separaron cuando sus hijos, Grace y Manuel, tenían siete y tres años, respectivamente. Gricel se casó unos años más tarde con Peter Moyer y tuvieron un hijo, Peter Jr. Manuel del Valle Sr. también tuvo otro hijo, Robert, en una relación posterior.

Del Valle era muy cercano a Grace y adoptó entusiastamente el papel de hermano mayor de Peter y Robert. Ayudó a entrenar al primero en el equipo de béisbol de la Universidad Northeastern. Y cuando Robert, que entonces vivía con su madre, estaba teniendo problemas en el colegio, decidió que debía mudarse con él y su padre, para que entre los dos pudieran asegurarse de que estudiara. Robert «obtuvo su GED [diploma de equivalencia de la escuela secundaria] gracias a él», dice Del Valle Sr. «Lo pusimos en el camino correcto».

Del Valle se fue a vivir con su padre cuando se integró al Departamento de Bomberos. Les gustaba salir juntos, y en ciertos aspectos tenían una relación de amigos o hermanos. Cuando su hijo había cumplido 18 años, Del Valle Sr. juzgó que ya podía beber alcohol (después de todo, sólo unos años antes ésa era la edad legal para beber en Nueva York) y lo ayudó a conseguir una identificación falsa, que usaban para ir juntos a bares. «Él admiraba la personalidad de su padre, muy encantador, siempre contando historias y lleno de vida», recuerda Yvette. «No se daba cuenta de lo mucho que se parecía a él en ese aspecto».

Del Valle, además, adoraba a su madre y a su padrastro. Peter Moyer —quien frecuentemente se refiere a él como «mi hijo»— es un excelente esquiador y le enseñó el deporte a Grace, Manuel y Robert, con lo que los viajes anuales a la montaña se convirtieron en una tradición familiar, igual que la competencia de los hermanos en las canchas de esquí.

En 1984, ellos se mudaron a Brookline, Massachussetts, ya que Moyer se convirtió en el director médico del Departamento de Seguridad Pública de Boston. Del Valle Sr. se quedó en Nueva York con Robert. Y cuando Grace, que es enfermera, se mudó a California, ver a sus padres y hermanos —ni hablar de los parientes en Puerto Rico— se convirtió en todo un desafío para Del Valle. Pero ésta no es una de esas familias que se ven un par de veces al año y en especial Del Valle se las arreglaba para estar frecuentemente con todos ellos.

Hacía lo mismo con los muchos amigos que había hecho, y mantenido, desde el colegio. Marisol Torres cuenta que su primo «se mantenía en contacto con una cantidad increíble de gente. No sé cómo lo hacía, porque estaba realmente ocupado. Siempre me pareció asombroso». Gricel Zayas, su madre, agrega: «Siempre le dijimos que lo más importante en la vida eran las relaciones personales. Y después de su muerte, nos dimos cuenta de que había aprendido la lección muy bien». Cientos de personas —amigos del colegio, de la universidad, de la compañía de bomberos, del vecindario y de varias otras partes— asistieron a su funeral, el 13 de octubre de 2001.

***

55

Los frecuentes viajes que hacía para mantenerse en estrecho contacto con sus amigos y familiares representaban un gasto importante, especialmente para el sueldo de un bombero. Del Valle siempre tenía otros empleos, en parte para ganar dinero extra y en parte porque así satisfacía su eterna inquietud por distintas actividades. Trabajaba tiempo parcial en una tienda de bicicletas y en distintos bares y discotecas.

Con la ayuda de un par de amigos, estaba pensando en abrir su propio bar. Ya habían conseguido el respaldo de un inversionista y estaban buscando un lugar en Hell's Kitchen, en midtown Manhattan. Eso, además de volver a la universidad: lo habían aceptado en Pace y planeaba empezar en enero a tomar cursos en el magíster de administración de empresas. El 2002 iba a ser un año muy agitado. «Manny era tremendamente inteligente», dice Hodge Brahmbatt, uno de los amigos que lo estaba ayudando a abrir el bar. «Habría encontrado la forma de hacer todo eso».

Además, Del Valle estaba estudiando para el examen para ascender a teniente, que debía dar en octubre. Ya había tomado y pasado esa prueba en septiembre de 1997, pero aún estaba en la lista de espera. Igual que las admisiones, con frecuencia los ascensos en el Departamento de Bomberos se demoran años.

La lista avanzó lentamente y durante cuatro años Del Valle había esperado su ascenso con ansiedad. «Estaba muy entusiasmado con la idea de convertirse en teniente», recuerda Gavin McCutchen, uno de los bomberos que estudió con él para el examen y que ya había ascendido. Del Valle estaba cerca de los primeros lugares y probablemente en uno o dos meses se convertiría en teniente. Lamentablemente para él, la lista tiene una duración limitada y pronto iba a expirar. Según el teniente Carlos Vásquez, uno de sus amigos, él estaba preocupado sobre si iba a alcanzar a ascender. Por si la lista expiraba antes, decidió prepararse nuevamente para el riguroso examen, que incluye preguntas sobre tácticas para combatir incendios, regulaciones y normativas del Departamento. Los bomberos estudian cerca de un año para esta prueba y Del Valle había pasado los últimos meses refrescando sus conocimientos.

Durante dos años, también había trabajado de chofer de los participantes en el US Open, y el 23 de agosto de 2001 le tocó llevar a Alexandra Stevenson. A la tenista de inmediato le gustó el conductor joven y atractivo y le pidió a los organizadores del torneo que le asignaran permanentemente el carro 61, que manejaba Del Valle. Cuando ella perdió ante Barbara Schett, Del Valle la consoló invitándola a cenar y regalándole un libro de citas que él usaba como inspiración. Siguieron en contacto y a las pocas semanas acordaron reunirse de nuevo. El jueves 13 de septiembre, él la iba a llevar a uno de sus restaurantes favoritos: Windows on the World, en el piso 107 de la torre norte del World Trade Center.

Ese martes por la mañana, Del Valle subió a la torre norte con otros cinco bomberos, incluyendo uno de sus mejores amigos, que ha sido durante años novio de una de sus primas. Habían oído que en los pisos superiores la gente estaba quejándose de dolores en el pecho, por lo que Del Valle llevó el resucitador. El oficial al mando, el teniente Robert Bohack, pensó que era una excelente idea.

En el piso diez, se encontraron con una mujer con quemaduras graves. Del Valle se detuvo a ayudarla, con el equipo médico que llevaba. Sus compañeros siguieron subiendo las escaleras. Llegaron al piso 23 cuando el ruido y el temblor del edificio les indicó que algo muy grave había ocurrido. El teniente le ordenó a sus hombres que evacuaran. Del Valle no se había encontrado con ellos —los bomberos piensan que no los vio y siguió de largo— y no llevaba radio, por lo que sus compañeros no pudieron avisarle que debía salir. Testigos dicen haberlo visto cerca del piso 40. Los otros cinco alcanzaron a evacuar.

Tras la tragedia, el Departamento de Bomberos de Nueva York ascendió a 30 de sus hombres en forma póstuma. Pocos días después del 11 de septiembre, y después de cuatro años de espera, Manuel Del Valle se convirtió en teniente.

José Antonio Guadalupe

◆

A. J.

En 1996, José Guadalupe empezó a tener largas conversaciones con uno de sus vecinos, Jamal George, de diecinueve años. El padre del joven acababa de morir y Guadalupe fue una de las pocas personas que logró consolarlo. «Él fue capaz de hacer que Jamal entendiera que la gente no está acá permanentemente, que todos tienen una misión en su vida y luego se van», cuenta Patricia George, su madre.

Desde ese momento, Guadalupe se convirtió en mentor de George. Era él quien lo regañaba cada vez que lo veía perdiendo el tiempo afuera del edificio —como tantos otros jóvenes del barrio—, le prestaba libros, le decía que estudiara y se esforzara para lograr sus objetivos. Cuando George estaba pensando en dejar su empleo en correos y convertirse en profesor, Guadalupe lo incentivó a hacer lo que realmente quería. «Me ayudó a ver las cosas más claramente», dice George. Durante los últimos dos años, él ha sido feliz enseñando.

En su vecindario —Rochdale Village, en Jamaica, Queens—, Guadalupe era conocido porque le gustaba jugar básquetbol con niños y jóvenes, y siempre los estaba estimulando a que hicieran algo con su vida, en vez de perder el tiempo en la calle. «Tenía alma de mentor», dice Louis Robinson, quien lo conoció en la Academia de Bomberos y era uno de sus mejores amigos.

En 1991, ambos fueron asignados a Engine 54, que comparte sus cuarteles con Ladder 4 y Battalion 9. «El orgullo de midtown» es el apodo de esta compañía de bomberos, ubicada en Hell's Kitchen, en el centro de Manhattan.

Tras unos años en el trabajo, Guadalupe de nuevo empezó a hacer de mentor, esta vez de los *probies* que llegaban a la compañía. A fines de julio de 2001, recién graduado de la Academia de Bomberos, llegó Christopher Santora, de 23 años. Había sido profesor de escuela primaria durante dos años, hasta que cumplió el sueño de toda su vida: integrarse al Departamento en el que su padre sirvió durante más de cuatro décadas. Santora trabajaba en el mismo turno que Guadalupe, y él lo ayudó a aprender el oficio. «Lo tomó bajo su tutela, como a un hermano menor», cuenta Patricia Santora, una de las cuatro hermanas de Christopher. «Le estaba enseñando el trabajo, probablemente más que a los otros bomberos». Rápidamente se hicieron amigos y, cuando tenían tiempo libre en la compañía, les gustaba jugar Nintendo o ver peleas de lucha libre por televisión.

Guadalupe era el chofer de Engine 54 y disfrutaba la difícil tarea de conducir en medio del tráfico de midtown

Manhattan. «Manejaba el carro como si fuera un auto», dice Al Quiñones, otro bombero. «Algunas veces yo no miraba, porque creía que iba a chocar. Pero él sabía cómo hacerlo». Una sola vez Guadalupe accidentalmente golpeó un taxi, que no le cedió el paso al carro, a pesar de las luces y sirenas. Furioso, el conductor lo siguió hasta el lugar del incendio y ahí empezó a gritarle por haber dañado su auto. Imperturbable, Guadalupe le recordó que podían multarlo por no cederle el paso a un vehículo de emergencia. Cuando el teniente confirmó la advertencia, el conductor del taxi se dio cuenta de que más le valía callarse e irse de inmediato.

Parte del trabajo de muchas compañías de bomberos es hacer inspecciones de edificios para verificar que cumplan con las regulaciones y estándares de seguridad. Como cada vez que iban a una de ellas Guadalupe tenía que quedarse cuidando el carro, aprovechaba el tiempo para leer, una de sus actividades favoritas.

«Era un ávido lector, de todo tipo de libros», cuenta su primo, Wayne Patterson. La biblioteca de Guadalupe incluía desde novelas de Tom Clancy hasta libros de historia, biología y física, pasando por varias biografías de su músico favorito, Jimi Hendrix. En los últimos años, Guadalupe había empezado a tocar la guitarra y tenía la colección completa de discos de Hendrix. Incluso colgó una de sus fotos en el living de su apartamento y llamó Jimi a uno de sus gatos.

Los dos gatos —Jimi y Jezebel— los trajo su esposa, Elise, de quien se separó en el verano de 2000. Lo que a Guadalupe realmente le gustaba eran los peces. Tenía dos enormes acuarios en el apartamento, llenos de peces exóticos —y, algunos, muy caros—. «Le gustaba quedarse mirando sus peces», dice su amigo John Williams.

Guadalupe era un hombre tranquilo, poco dado a salir y a las fiestas. «Le gustaba estar en casa», recuerda Rowena Guadalupe, su madre. «Yo salía más que él. ¡De veras! Si iba a una fiesta, volvía a la una de la mañana. Y había salido a la medianoche». Guadalupe pasaba horas dibujando y armando pequeños modelos de automóviles. Cuando salía, le gustaba esquiar y recorrer largas distancias en bicicleta. «La mayoría de las cosas que Tony [como lo llamaba su familia] hacía, eran cosas que podía hacer solo», cuenta Rowena.

Guadalupe era un hombre de buenos, pero pocos amigos. Ellos admiraban lo mucho que sabía sobre gran cantidad de temas, su capacidad para escuchar y entender sus problemas y algo que varios describen como paz interior. «Él era alguien que estaba en paz consigo mismo», dice Deborah Patterson, la esposa de su primo Wayne. Y agrega que «la gente siempre está interesada en lo que uno hace, más que en lo que uno es. Tony estaba interesado en quién era uno».

En la mayoría de las conversaciones, Guadalupe escuchaba y hacía preguntas, más que hablar. «Él sabía cómo hablar con la gente, hacerles preguntas sobre ellos y sobre lo qué estaban haciendo», dice Wayne Patterson. «Quizá era porque no quería hablar sobre sí mismo, y ésa era una manera de redirigir la conversación, aunque por naturaleza humana a las personas les encanta hablar sobre ellas mismas. Así que lo que terminaba haciendo era dejar que las personas hicieran lo que más les gustaba».

Como resultado, las personas muy cercanas a Guadalupe no se enteraban de aspectos fundamentales de su vida. Incluso Wayne —con quien se crió y a quien consideraba como un hermano—, su madre y varios de sus amigos del barrio y de la compañía de bomberos no sabían que él pronto iba a ser padre.

Después de separarse de su esposa, Guadalupe empezó a salir con Irene Allen, una vecina. Varios de sus amigos pensaban que la diferencia de edad era demasiado grande —ella era trece años menor que Guadalupe— pero él estaba contento, y eso era lo que más les importaba.

La relación duró unos cuantos meses. Pocas semanas después de que terminaron, Irene descubrió que estaba embarazada. A Guadalupe le entusiasmaba la idea de tener un hijo, pero quería estar seguro de que el bebé era suyo. «Había tenido malas experiencias con mujeres», explica su amigo John Williams. Le pidió a Irene que hicieran pruebas de paternidad después de que naciera el niño. Ella aceptó.

A los pocos amigos con los que compartió la noticia, les dijo que estaba casi seguro de que era su hijo, y que a los 37 años ya tenía ganas de ser padre. «Dijo que quería tener un heredero», recuerda Louis Robinson. Los padres de Guadalupe se separaron cuando él tenía nueve años y nunca volvió a tener contacto con su padre. Él era hijo único y quería que alguien continuara su apellido. Por eso, deseaba que el bebé de Irene fuera suyo, y que fuera un niño.

***

Para Christopher Santora, el integrante más reciente de Engine 54, el verano había sido demasiado tranquilo. Como la mayoría de los novatos, estaba ansioso por ir a su primer gran incendio. «Le dijimos que tuviera cuidado con lo que pedía», recuerda Al Quiñones.

El 11 de septiembre, los quince bomberos que estaban de turno en Engine 54, Ladder 4 y Battalion 9 fueron al World Trade Center. Eran el subjefe de batallón Edward Geraghty, el capitán David Wooley, el teniente Daniel O'Callaghan y los bomberos: Samuel Oitice, John Tipping, Michael Brennan, Michael Lynch, Leonard Ragaglia, Joseph Angelini Jr., Carl Asaro, Alan Feinberg, Michael Haub, Paul Gill, Christopher Santora y José Guadalupe. Todos ellos murieron.

Con los aeropuertos cerrados y una tormenta tropical en Florida, donde estaba viviendo, Rowena Guadalupe sólo logró viajar a Nueva York el 18 de septiembre. Entonces tuvo que abrir el apartamento de su hijo y se encontró con decenas de mensajes en el contestador de amigos y conocidos que habían llamado a Guadalupe a partir del 11 para preguntar si estaba bien. El primer llamado era de Irene Allen. El segundo era de Michelle Halloway.

Su sobrino, Wayne Patterson, anotó los teléfonos de todos los que habían dejado su número y empezó a regresarles la llamada. Le dejó un recado a Irene. Luego habló con Michelle Halloway, una amiga de Guadalupe, quien le preguntó: «¿Sabías que Tony iba a ser padre?». A Patterson casi se le cae el teléfono. Unos minutos después lo llamó Irene. Llorando, le dijo que necesitaba hablar con Rowena, para contarle que iba a ser abuela.

CALIXTO ANAYA JR.

Anaya con sus dos hijos mayores, Brandon y Kristina Marie, cuando se integró como voluntario a la compañía de bomberos de Suffern, en 1996. Archivo familiar.

La familia Anaya en julio de 2000: Charlie, Marie, Rebecca, Kristina Marie y Brandon. Archivo familiar.

En mayo de 2001, Anaya logró lo que tanto había querido: ingresar a la Academia de Bomberos. Archivo familiar.

GERARD BAPTISTE

Gerard Baptiste, a los cinco años.
En su cumpleaños, él y su familia emigraron
de República Dominicana a Estados Unidos.
Archivo familiar.

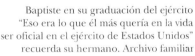

Baptiste en su graduación del ejército
"Eso era lo que él más quería en la vida
ser oficial en el ejército de Estados Unidos"
recuerda su hermano. Archivo familiar

En el verano de 2001, Baptiste
fue de vacaciones a Europa. Archivo familiar.

Rubén David Correa

El futuro bombero
Rubén Correa,
disfrutando uno de
sus regalos de Navidad.
Archivo familiar.

Durante cuatro años,
Correa perteneció a
los marines y viajó a Japón,
Hong Kong y España.
Archivo familiar.

Manuel del Valle Jr.

Manuel del Valle frente a su compañía de bomberos, Engine 5, en el East Village. Archivo familiar.

José Antonio Guadalupe

José Guadalupe y su madre, Rowena, en la Navidad de 2000. Archivo familiar.

ɹadalupe era chofer de Engine 54,
orgullo de midtown". Archivo familiar.

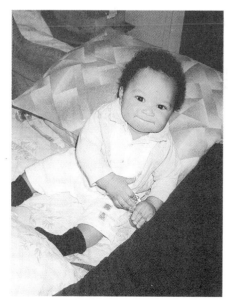

Antonio José (A. J.) nació
el 15 de noviembre de
2001, dos meses después de
que su padre murió en el
World Trade Center.
Archivo familiar.

ÁNGEL JUARBE

Los dos ángeles de Ladder 12: Ángel Rivera (en el extremo izquierdo) y Ángel Juarbe (en el extremo derecho). Gentileza Ángel Rivera.

Una de las fotos que se tomó Juarbe en 2001, para el calendario de la Sociedad Hispana del Departamento de Bomberos.
© D.C. Larue/APV media.

ANGEL

Steve Mercado

Steve Mercado con sus dos hijos,
Austin (izq.) y Skylar, en
noviembre de 2000.
Archivo familiar.

Steve y Joviana
Mercado.
Archivo familiar.

Dennis Mojica

El retrato de Dennis Mojica, que Jesse
Gardner pintó en 1994 como parte de
la serie "Héroes Anónimos" del
Departamento de Bomberos.
© Joe Painter, Photography Philadelphia.

MANUEL MOJICA

Manuel Mojica frente a
Squad 18, en el West Village.
Archivo familiar.

La familia Mojica en junio de
2001: Manuel y Anna con sus
hijos, Manny y Stephanie.
Archivo familiar.

Manuel y Anna en 1986, en
Carolina del Norte, donde él servía
en los marines. Archivo familiar.

James N. Pappageorge

Pappageorge, el 23 de julio de 2001, en su graduación de la Academia de Bomberos. Archivo familiar.

James y Gina, el 1 de septiembre de 2001, en la boda de un amigo. Archivo familiar.

James Pappageorge y su padre, Demetrios, en 1995. Archivo familiar.

Benjamín Suárez

Los Suárez en agosto de 2001,
cuando fueron de vacaciones a
Florida. Sally y Benjamín, con sus
hijos Jocelyn, Joey y Christian.
Archivo familiar.

Suárez en Engine 221, en
Williamsburg, donde
trabajó durante seis años.
Archivo familiar.

Benjamín y Joey Suárez en
Engine 221. Archivo familiar.

HÉCTOR TIRADO JR.

Una de las fotos tomadas para
el calendario de la Sociedad
Hispana del Departamento
de Bomberos. © D.C. Larue/
APV media.

SERGIO VILLANUEVA

Sergio y Tanya.
Ellos iban a casarse el
1 de agosto de 2002.
Archivo familiar.

Tanya le tomó esta foto a Sergio, el domingo 9 de septiembre de 2001. Archivo familiar.

Los Villanueva emigraron de Argentina en 1970. En septiembre de ese año, Delia y su hijo Sergio posaron para esta foto frente al World Trade Center, que estaba en construcción. Archivo familiar.

Patterson y su esposa convencieron a Rowena de que la llamara. Le preguntó cuándo iba a nacer el bebé (noviembre) y si sabía qué iba a ser (un niño). La idea de tener un nieto y un sobrino los llenaba de alegría, pero aún faltaba la prueba de paternidad.

El 1 de octubre se realizó el funeral de Guadalupe. Amigos, conocidos y decenas de bomberos llegaron a despedirlo. Wayne Patterson habló del primo a quien consideraba como un hermano. Lo describió como un artista talentoso —varios sonrieron ante su mención de que «era muy bueno haciendo graffiti»—, un buen cocinero y ciclista, un mal bailarín y un héroe. Fue un funeral hermoso, al que asistieron familiares de varios de los bomberos que murieron con él en el World Trade Center. Ahí estaban los padres de Christopher Santora, el novato a quien Guadalupe había ayudado y enseñado.

Casi dos meses después, Rowena Guadalupe recibió la noticia. El cuerpo que habían enterrado no era el de su hijo. La oficina del examinador médico de Nueva York había identificado el cadáver basándose en rayos X. Guadalupe tenía una anomalía muy poco común en dos vértebras de su cuello, que apareció en el examen. Además el cuerpo era de un bombero de Engine 54, que llevaba una cadena de oro al cuello. Guadalupe siempre usaba una medalla que su madre le había regalado años antes.

Nadie había imaginado que otro bombero de la misma compañía, que también usaba una cadena de oro, podía tener la misma anomalía en el cuello. «Ésta fue una situación muy inusual, en la que dos personas que trabajaban juntas tenían exactamente la misma anomalía congénita», fue la explicación que entonces dio Ellen Borakove, vocera de la oficina del examinador médico de la ciudad de Nueva York.

Pruebas posteriores de ADN demostraron que el cuerpo no era de Guadalupe, sino de Christopher Santora. Su cadáver fue exhumado y los Santora enterraron a Christopher el 1 de diciembre. «Que hubiera sido José a quien confundieron con mi hermano hizo todo esto un poco menos difícil», dice Patricia Santora.

En medio de lo inimaginable, Rowena y los familiares de Guadalupe encontraron una razón para tener esperanzas: A. J., Antonio José Allen, nació el 15 de noviembre y pesó 3 kilos y 410 gramos. Tanto por deseo de la familia como por decisión de las cortes —Irene está tratando de que el niño sea reconocido como heredero legal de Guadalupe, para que tenga acceso a los beneficios del Departamento de Bomberos—, se realizaron pruebas de paternidad. Como el cuerpo de Guadalupe nunca fue encontrado, Rowena tuvo que dar muestras de sangre para los análisis. Uno de los exámenes demostró, con más de un 99% de probabilidad, que el niño es su nieto.

El caso todavía no se resuelve en la corte de familia, debido al obstáculo que significa la falta de ADN de Guadalupe o de sus dos padres —desde que se divorció, casi 30 años atrás, Rowena no ha vuelto a tener noticias de su ex marido, José Enrique Guadalupe—. Y aunque A. J. aún no puede llevar el apellido de su padre, ya fue bienvenido a la familia. «Es la alegría de mi vida», dice Rowena. «En estos momentos, la única alegría». Tanto ella como los amigos de su hijo dicen que el bebé se parece cada día más a él. «Va a ser muy fuerte y guapo, igual que su padre», asegura John Williams.

Incluso los bomberos de «El orgullo de midtown», que al comienzo no querían tener nada que ver con el niño, porque no estaban seguros de que fuera hijo de Guadalupe, ahora se ponen felices cada vez que A. J. llega de visita, con su madre o con su abuela. Como dice Rowena, «es el bebé de todos».

Ángel Juarbe

◆

UN BOMBERO MODELO

Cuando Ángel Juarbe llegó, recién graduado de la academia de bomberos, a Ladder 12 le presentaron a Ángel Rivera, el único puertorriqueño que hasta entonces trabajaba en la compañía. Rivera le preguntó cómo se llamaba.

—Ángel.

—No, Ángel soy yo —dijo Rivera—. Tú eres Ángel pequeño.

Ángel pequeño y Ángel grande —como inmediatamente los bautizaron en Ladder 12— pronto se hicieron inseparables. Rivera, quince años mayor, le enseñó a Juarbe todo lo que sabía sobre ser bombero y sobre la responsabilidad, honor y sacrificio que acompaña al uniforme. Ángel pequeño se aseguraba de que cada vez que su madre cocinaba algo especial —pasteles, pernil, arroz con gandules—, hiciera un plato extra para llevarle al día siguiente a Ángel grande. Y sus alegatos de que no podía, porque estaba a dieta, siempre cayeron en oídos sordos: «Come, que te va a gustar». Ángel grande comía.

Hubo dos cosas en las que nunca pudo convencerlo: el desfile del día de Puerto Rico y las mujeres. Uno de los momentos favoritos de Juarbe era ese día de junio, cuando cada año los puertorriqueños de Nueva York desfilan por la Quinta Avenida celebrando sus raíces. Si bien ambos compartían el orgullo de ser *nuyoricans* y el gusto por el clima y los paisajes de la isla —en varias ocasiones, Rivera le prestó a Juarbe su casa en Luquillo, al este de Puerto Rico, para que pasara sus vacaciones en la playa—, nadie —ni siquiera Juarbe— podía convencer a Rivera para que caminara más de 40 cuadras, en medio de una multitud y a pleno sol. «Si camino tres cuadras, tengo que sacarme los zapatos», decía Rivera, así que Juarbe iba con otros bomberos al desfile. Y por más que Juarbe lo invitara para que saliera con él y sus amigas —y, como dice su hermana riendo, Ángel Juarbe «tenía muchas, muchas, muchas, muchas amigas»—, Rivera se excusaba: a las nueve de la noche ya estaba durmiendo.

Antes del 11 de septiembre, Ángel Juarbe sintió que su vida estaba en peligro. Lo acompañaba, como de costumbre, Ángel Rivera. Ladder 12 llegó a un incendio en un apartamento en el quinto piso. Los bomberos tomaron las posiciones asignadas para cumplir su trabajo: determinar el origen del fuego y buscar a personas atrapadas y rescatarlas —las compañías de bomberos tienen misiones muy específicas y diferenciadas. Básicamente, las compañías «Ladder» realizan las tareas de rescate y el trabajo previo necesario para que las compañías «Engine», que transportan las mangueras, puedan apagar el incendio—.

El humo era tan espeso que no se podía ver nada. A Juarbe y Rivera les tocó entrar al apartamento y, usando sus manos contra la pared para guiarse, buscar a las víctimas —dos gatos muertos por inhalación de humo— y el origen del incendio —la cocina—. Juarbe trató de contener el incendio con el agua que tenía en su equipo: un extinguidor con poco menos de diez litros. En cuanto se le agotó, sintió que el fuego cobraba renovada fuerza y el vapor que se había formado era tan caliente que sus rodillas flaquearon. Cayó de estómago al suelo. Sus orejas estaban quemadas. Entonces Juarbe y Rivera —que estaba en otra habitación— escucharon el llamado urgente del capitán: tenían que evacuar porque era probable que todo el apartamento estallara en llamas. Juarbe y Rivera lograron salir momentos antes de que llegara Engine 3 a apagar el incendio.

Los dos Ángeles de Ladder 12 «de veras tenían una amistad muy especial, un vínculo que no es muy común aquí en la compañía de bomberos», dice Tom O"Donoghue, quien trabajó con ambos durante seis años y medio. «Hay un sentimiento general de hermandad entre los bomberos, el sentimiento de que ésta es una verdadera fraternidad, pero lo que Ángel Rivera y Ángel Juarbe tenían era un poco más especial que eso. Ellos realmente eran como hermanos».

«Hermandad» es una palabra que los bomberos usan mucho. Parte importante de su trabajo consiste en pasar horas y horas en la compañía, esperando que suene la alarma. Juntos cocinan, comen y duermen —cuando no pasan buena parte de la noche haciéndose bromas, como niños que se quedan a alojar en la casa de un amigo—.

Ellos saben, sin necesidad de decirlo, que comparten la búsqueda de emoción y un código de valores. Entienden que cuando la situación lo requiera, van a arriesgar su vida para salvar a otros. Y —quizá aun más importante— que su vida y la de sus compañeros está en manos de todo el grupo. Los bomberos viven juntos y, en ocasiones, mueren juntos.

* * *

Juarbe nunca pensó en ser bombero. Cuando niño quería convertirse en atleta profesional y más tarde decidió ser veterinario. Fue un tío quien lo convenció a él, a sus dos hermanos y a dos de sus primos de que tomaran los exámenes en el departamento de Policía y de Bomberos, más que nada para mantener sus opciones abiertas en el futuro. Susan, Charles y Edgar terminaron haciéndose policías. Sólo su prima Jessica optó por la vida civil y trabaja en una aseguradora.

Ángel Juarbe presentó el examen en 1984, tras graduarse del colegio. Mientras estudiaba biología en la universidad, hizo todo tipo de trabajos: enterró —y, en un par de ocasiones, exhumó— cadáveres en un cementerio en Manhattan, cuidó a personas con deficiencias mentales y alimentó animales en el zoológico del Bronx. Estaba planeando mudarse a Florida y dedicarse a estudiar tortugas marinas cuando llegó el resultado del examen que había dado casi ocho años antes: el Departamento de Bomberos lo invitaba a una prueba de resistencia. Juarbe la pasó sin dificultad. Pensando que el trabajo satisfaría su gusto por la acción y la actividad física, decidió integrarse al FDNY. Y si bien más tarde confesaba que la primera vez que llegó a un incendio, vio las llamas saliendo por las ventanas y se preguntó «¿Qué diablos estoy haciendo en este trabajo?», muy pronto comenzó a disfrutar el oficio que ejerció durante poco más de siete años.

Juarbe pensaba que el suyo «era el mejor trabajo del mundo», dice su hermana Susan. Le gustaba la adrenalina, la oportunidad de ayudar a otros y la relación con sus colegas. «Eran una familia. Creo que eso es lo que dijo. Eran como una segunda familia para él», recuerda George Verschoor, un ejecutivo de televisión que conoció a Juarbe a comienzos de 2001. Además de Rivera, Ángel Juarbe tenía muchos y buenos amigos en Ladder 12. A Tom O"Donoghue lo llevó a varios clubes latinos en la ciudad y le mostró cómo bailar salsa y merengue. «Me enseñó lo suficiente como para que yo no me viera terrible, y así, cuando yo invitaba a una muchacha a bailar, ella no saliera corriendo en la dirección opuesta», dice O"Donoghue. Y cuando Steven Adorno y Willie Rivera llegaron a la compañía, estaba tan feliz de que aumentara el contingente puertorriqueño de Ladder 12, que les dejó a ambos muy en claro a quién tenían que acudir si necesitaban ayuda. «Me dijo "Yo te voy a cuidar como Ángel grande me cuidó a mí"—recuerda Adorno—. "Si alguna vez tienes algún problema, me dices a mí. Y si yo no lo puedo solucionar, entonces vamos donde Ángel grande". Y siempre se preocupó por mí en el trabajo. Siempre me cuidó». Según el capitán Robert Norcross, era algo que Juarbe hacía con frecuencia: «Cuando llega alguien nuevo, tiene mucho que aprender y Ángel dedicaba tiempo extra, además del entrenamiento que nosotros hacemos, para enseñarles personalmente». Además Juarbe era uno de los choferes reemplazantes del carro de Ladder 12. «Conducir el camión por todo Nueva York, entre el tráfico, era lo máximo para él», dice Miriam su madre. Y sonríe: «Los hombres nunca crecen».

Aparte del trabajo en sí mismo y de la camaradería con sus colegas, Juarbe, de 35 años, disfrutaba de las ventajas que tiene ser un bombero joven y atractivo en Nueva York. «A las mujeres les encantan los bomberos», contaba. Sus compañeros recuerdan que le gustaba pararse frente a la compañía, saludando a la gente que pasaba por la calle 19, y que las mujeres gravitaban hacia él.

Las ventajas no paraban ahí. Como otros bomberos, Juarbe había empezado a modelar en los calendarios del departamento: posó para el de la Sociedad Hispana y, a sugerencia de su hermana Susan, se presentó en la selección del calendario del FDNY. Con éste se recauda dinero para el Fondo de Educación y Prevención de Incendios, y tradicionalmente a quienes aparecen ahí se les abren oportunidades en la televisión. Lo que Susan Juarbe no sabía era el método de selección: decenas de bomberos van a un bar en el Upper East Side, se sacan la camisa y bailan frente más de 200 mujeres, que —a gritos y aplausos— deciden junto a un jurado quiénes son los elegidos. Cuando Susan se enteró por un noticiero local, no podía parar de reír. Llamó a su hermano para preguntarle sobre la velada, pero lo único que logró sacarle fue que había hecho «una cosita poca». Dos días después le avisaron que estaba seleccionado.

Ambos calendarios se iban a publicar a fines de 2001. El teniente Miguel Ramos, presidente de la Sociedad Hispana del FDNY, decidió hacerlo a pesar de la tragedia.

Ángel no sólo había posado, sino que ayudó a Ramos a organizar todo y conseguir a los otros modelos. «Así que como un homenaje a él, decidimos seguir adelante», dice Ramos. Las ventas del calendario financian becas para hijos de bomberos y la familia Juarbe está orgullosa de que la foto de Ángel se haya publicado. Luego de meses de dudas, el Departamento de Bomberos decidió publicar su calendario en julio, incluyendo las fotos de los tres modelos —Juarbe, Robert Cordice y Thomas Foley— que murieron el 11 de septiembre. A las autoridades del FDNY les preocupaba que tomas de ellos en ropas ligeras parecieran inadecuadas tras la tragedia, pero las tres familias apoyaron su publicación. «Es un recuerdo que perdurará», dice Susan Juarbe.

A comienzos de 2001, ejecutivos de Fox Television empezaron a buscar en todo el país candidatos para un nuevo programa. En Nueva York, una productora recorrió varias compañías de bomberos con la tarea de «encontrar a un héroe». Al llegar a Ladder 12, en Chelsea, le recomendaron que hablara con «Mr. Hollywood». Desde el primer encuentro, quedó encantada con Juarbe. Él dio varias entrevistas en cámara y los ejecutivos en Los Ángeles compartieron la opinión favorable. De cerca de 4.000 personas con las que hablaron inicialmente, Fox seleccionó a 25 para una entrevista personal. Ángel Juarbe llegó a Hollywood y dejó en claro que tenía la cara y la personalidad ideal para televisión. En las entrevistas —Fox le prestó los videos a la autora de este libro—, Juarbe habló de su pasión por su trabajo, del safari que tomó dos años antes en África —«Fue como despertar en un sueño y viví en él durante siete días»—, de su gusto por las compras

—«Uso uniforme todo el día, así que en mi vida social, me gusta vestirme bien. Estoy hablando de trajes Armani y zapatos de 200 dólares»—, de lo mucho que disfrutaba pasar tiempo con su familia —vivía en el mismo edificio que sus padres, su abuela y su hermana— y de los lugares que no conocía en Nueva York —nunca había subido al World Trade Center—. La mayoría de los ejecutivos estaban encantados. El único con dudas era George Verschoor, el creador y productor ejecutivo del programa. «Me pareció que era demasiado guapo, demasiado amable y demasiado inteligente, y que tenía que haber algo oscuro escondido», dice. «En realidad, no había».

Juarbe fue seleccionado como uno de los diez concursantes del programa «Murder in Small Town X». Durante dos meses y medio, los participantes vivieron en Eastport, un pueblo de 1.600 habitantes en Maine. Su misión era tratar de resolver un homicidio ficticio, mientras compartían una casa y la incertidumbre de quién sería eliminado cada semana. El programa terminó de grabarse en abril, pero los concursantes se habían comprometido, por escrito, a no revelar los resultados hasta que el programa se transmitiera en el verano. Por más que su familia y colegas lo interrogaron, Juarbe mantuvo el secreto. Sólo por televisión se enteraron de que había ganado el primer premio: un jeep Liberty y 250.000 dólares. En el programa, le preguntaron a Juarbe qué iba hacer tras recibir todo ese dinero. «Me voy a ir a la playa por una semana. Y luego voy a ser bombero el resto de mi vida». El capítulo final se transmitió el martes 4 de septiembre.

* * *

El 11 de septiembre, Ángel grande y Ángel pequeño empezaban a trabajar a las nueve de la mañana. Tras la alarma inicial, las dos compañías con las que Ladder 12 comparte sus cuarteles en Chelsea (Engine 3 y Batallion 7) salieron hacia el World Trade Center. Juarbe vio por televisión cuando el segundo avión chocó con la torre sur. Casi de inmediato, Ladder 12 recibió la orden de dirigirse al lugar.

Juarbe, Rivera y los otros bomberos de su compañía quedaron a cargo de evacuar los pisos superiores del Marriott, el hotel que se encontraba justo entre las torres norte y sur. Estaban buscando habitación por habitación en el piso 19 cuando el edificio empezó a temblar y todo se hizo negro. La torre sur había colapsado; parte de ella, sobre el Marriott.

Los bomberos no sabían qué había pasado —quizá una bomba, otro avión— pero entendieron que era hora de salir del edificio. Sólo lograron llegar hasta el cuarto piso: las escaleras estaban bloqueadas. Entonces, en medio de un hotel semi destruido y prácticamente desierto, apareció un hombre mayor. Había despertado con el colapso y estaba desorientado. Rivera se acercó a ayudarlo. Ángel Juarbe y el teniente Phil Petti decidieron ir a buscar una cuerda que los bomberos habían dejado arriba, con la que todos podrían salir del edificio por una ventana.

Cuando subían, escucharon por radio un llamado de auxilio. «SOS, SOS. Estoy atrapado y no sé dónde estoy». Michael Brennan, de Ladder 4, había caído desde el piso 22 —probablemente al 20 o al 19— tras el colapso inicial. Juarbe y Petti fueron a buscarlo. Mientras tanto, los bomberos en el cuarto piso lograron abrirse paso hacia una salida del edificio.

Brennan no alcanzaba su dispositivo Pass que emite una señal que indica dónde está un bombero, así que Juarbe y Petti le pidieron que no dejara de hablar. «Escuché que le dijeron por la radio: "Sigue hablando. Nos estamos acercando a ti". Eso fue lo último que escuché. Después de eso vino la gran explosión, un rugido enorme. Parecía que estábamos dentro de un volcán y había una erupción», recuerda Ángel Rivera. «Fue la última vez que los vimos. Los llamamos y llamamos, pero no respondían. Subieron y nunca volvieron a bajar».

Rivera escoltó al hombre mayor a la salida del edificio, donde se lo entregó a un policía para que lo llevara a un lugar seguro. Según bomberos que estaban ahí, él se dio vuelta hacia Rivera. Tenía lágrimas en las mejillas y no dijo nada. Sólo lo miró.

Rivera fue caminando hacia el puerto, donde estaba congregado un grupo de policías. Sólo entonces se enteró de que ambas torres habían colapsado. «En ese momento me di cuenta de que [Ángel] podía estar enterrado vivo, de que podía estar muerto. Me quedé ahí largo rato, esperando verlo salir». Rivera se encontró con otro bombero de su compañía, que estaba herido, y ambos se pusieron a caminar. En la West Side Highway se encontraron con Edgar Juarbe, que junto a otros policías había ido al World Trade Center a buscar a su hermano. Juarbe le preguntó dónde estaba. Rivera no supo qué contestarle. Deambuló por el área hasta que le ordenaron que volviera a Ladder 12, junto con el resto de los bomberos que estaban trabajando esa mañana. «Me senté al frente de la compañía. Esperaba verlo saltar del carro, con su cara sonriente, y que me iba a decir "Lo logré". Pero nunca ocurrió. Me quedé ahí durante días, esperando».

Steve Mercado

◆

SUEÑO OLÍMPICO

«Mal genio». Ése era el sobrenombre que sus compañeros de equipo le habían dado a Steve Mercado y que él había inscrito, con orgullo, en su camiseta. «Odiaba perder y quería que el resto de la gente lo supiera», dice su amigo Frank Sánchez Jr, con quien fundó Silver Bullets, un equipo de stickball en el Bronx, a mediados de los años 80.

El stickball nació en las calles de Nueva York a comienzos del siglo XX, como una versión más simple del béisbol. «Niños que no tenían dinero para comprar uniformes o equipos se juntaban e inventaban sus propias reglas», según explica Sonia González, quien está haciendo un documental sobre este deporte. Para jugar basta un palo de escoba, una pelota blanda llamada *spaldeen*, unos cuantos amigos y la calle (autos estacionados o tapas de alcantarilla pueden usarse para marcar las bases). Tras un período de baja en los años 80 —que coincidió con la epidemia de crack en sectores urbanos de Estados Unidos—, el stickball volvió a tener un auge durante la década de los 90. Y Steve Mercado fue uno de sus principales impulsores.

Como presidente del New York Emperors Stickball League, Mercado aumentó el número de equipos en la liga, obtuvo auspiciadores para cada uno de ellos y ayudó a crear talleres para niños y una liga de menores. Además escribía sobre stickball para publicaciones del Bronx, daba discursos y se reunía con políticos, todo con el mismo fin: elevar el perfil de este deporte y expandirlo a todo Estados Unidos y, después, al extranjero.

«Le gustaba la pureza, la inocencia del stickball», dice su primo, Jim Donohue. «Uno no juega para integrar el equipo de la universidad o para ir a las ligas mayores. Uno juega este deporte simplemente porque lo ama». Otra cosa que disfrutaba era el lenguaje del stickball: gritar e insultar a los rivales no sólo está permitido, sino que es parte del juego. Y Mercado —que desde niño era «competitivo e intenso», según recuerda su entrenador de las ligas menores, Henry Pelayo— destacaba en este aspecto tanto como en sus jugadas. «Sabía cómo encontrar el punto débil en un contrincante, explotarlo y hacer que el otro se sintiera mal al respecto, para que cuando le tocara atrapar o pegarle a una pelota, estuviera pensando en Steve y cometiera un error», agrega Sánchez.

A veces eso implicaba gritarle al contrincante —y por algo se había ganado el apodo de «Mal genio»— o burlarse de la falla que acababa de cometer. En otras ocasiones requería un poco más de preparación. «Las cosas que hacía para desconcentrarme eran increíbles», recuerda Jennifer Lippold, la única mujer que juega stickball en Nueva

York. Tras unas vacaciones, ella cometió el error de contarle a su amigo Steve que había dejado de lado su rigurosa y saludable dieta, comiéndose muchas *doughnuts*. «Si hay algo que me molestaría es volver a ver *doughnuts*», le dijo. Por supuesto, a las ocho y media de la mañana del día siguiente, él llegó al partido de stickball con dos cajas de Krispy Kreme, que abrió cuando era el turno de Lippold. «Empezó a comerse las *doughnuts* en frente de mí. Cerca de una docena. Y no me ofreció ninguna», ella se ríe. «Decía "Mmm, estas *doughnuts* están buenísimas". Hacía todo lo que podía para afectarte».

Mercado empezó a jugar stickball cuando era adolescente. Heredó la pasión de su padre y consideraba este juego mucho más que un deporte. «Lo veía como un puente entre las generaciones. Un lazo del pasado al presente y, si de él dependía, también al futuro», cuenta Mick Greene, quien conoció a Mercado mientras cubría partidos de stickball para su website, Streetplay.com. Mercado creó el lema «Stickball: más que un juego, una tradición» y se aseguró de que sus dos hijos aprendieran lo antes posible. Skylar, de seis años, tiene las mismas habilidades atléticas de su padre y Austin no se queda muy atrás. «Es un espectáculo mirarlo porque es tan pequeñito», dice Tito Rivera, otro jugador del Bronx. «Tiene tres años y le pega a la pelota, y cuando se enoja empieza a golpear el bate contra el suelo. Me recuerda a Steve: éste es mal geniecito».

Con el principal objetivo de involucrar a sus hijos, Mercado ayudó a crear una liga de menores junto con la YMCA. En el verano de 2001, cerca de 80 niños asistieron a clases de stickball en el Bronx, como parte de un programa piloto que sus organizadores esperan ampliar a los cinco *boroughs* de Nueva York. Pocos meses antes, Mercado le había demostrado a los pequeños que a la hora de jugar, no eran actores secundarios. Durante el fin de semana del Memorial Day, equipos de Atlanta, Miami y San Diego viajaron —como cada año— a competir en el torneo de stickball en Nueva York. Mercado había insistido en que los niños también participaran, pero el calendario de partidos estaba atrasado debido a una intermitente llovizna. El último día amaneció cubierto. Los equipos estaban ansiosos por disputar la final lo antes posible, por si empezaba a llover, y muchos protestaron cuando Mercado decidió que los niños jugaran primero. «Aunque ponía la final en riesgo, fue una decisión fácil para él», recuerda Mick Greene. «Había hecho todo lo posible para despertar el interés de los niños, les había prometido que iban a jugar en un gran torneo y estaba determinado a cumplir». Los pequeños pudieron jugar frente a gran cantidad de espectadores, que estaban esperando la final (que se realizó sin contratiempos). Mercado había cumplido su palabra y sacado inspiración para un nuevo lema: «Dios es un fan del stickball porque nunca llueve en el Memorial Day». Quería inscribirlo en las camisetas de la liga.

* * *

Incluso antes de casarse, Steve Mercado soñaba con tener hijos. «Siempre hablaba de eso, de que estaba loco por ser papá», dice Judith Hendrickson, quien trabajó con él en TIAA-CREF, una aseguradora para profesores. A Joviana Pérez la conoció a través de su mejor amigo, Fred García, quien recuerda que después de dos o tres citas la relación «se empezó a hacer seria».

84

Steve y Joviana se casaron en 1992. Un par de años antes él había dejado su trabajo en la aseguradora para integrarse al Departamento de Bomberos, aunque el sueldo era mucho menor. «Decidimos que uno de nosotros iba a ganar más dinero, para que el otro pudiera pasar más tiempo con los niños», dice Joviana, quien procesa seguros para un hospital en el Bronx. Los bomberos normalmente hacen dos turnos a la semana, de 24 horas cada uno. Eso deja cinco días libres para la familia y otras actividades (que muchos realizan, para complementar sus bajos sueldos). En el caso de Mercado, eso le dio la oportunidad de pasar gran cantidad de tiempo con Skylar y Austin. «Era muy raro verlo sin su familia», dice Frank Sánchez.

Igual que lo hizo con el stickball, Mercado integró a sus hijos a cada una de sus actividades. Él pertenecía al equipo de softball del Departamento de Bomberos, que se reúne todos los martes en el Central Park. Y cada semana llegaba al menos con uno de los niños. Al final del partido, todos los jugadores van a un bar cercano. Mercado los acompañaba a almorzar y luego se iba. «Algunos de nosotros nos quedamos todo el día, pero Steve tenía sus prioridades. Quería jugar pero también quería estar en casa con su familia», cuenta Mike Kotula, quien trabajaba con él en Engine 40. «Lo que lo hacía sentir más feliz y orgulloso eran sus dos hijos y su esposa».

En la sección de Castle Hill del Bronx, donde Mercado vivía y era conocido como el presidente del New York Emperors Stickball League, la mayoría de la gente dice que lo admiraba, sobre todo, por ser un excelente padre. Wayne Lippold lo veía frecuentemente a la salida de clases, mientras ambos esperaban a sus hijos. «Siempre iba a recogerlos. Cuando yo estaba ahí, él estaba y cuando iba mi esposa, también lo veía», dice. Lippold estaba especialmente sorprendido cuando Mercado decidió cambiar a Skylar desde el colegio que quedaba a una cuadra de su casa, a una escuela más lejana. Lippold le preguntó por qué y Mercado le dijo que una tarde había ido al colegio y, sin que Skylar se diera cuenta, se había sentado a observar cómo interactuaban los niños durante el recreo y sintió que no era el ambiente ideal para su hijo. «A mí jamás se me ocurriría hacer algo así», dice Lippold. «Me pareció realmente asombroso».

Mercado quería que Joviana, que es puertorriqueña, le enseñara español a los niños. Él no sabía más que unas cuantas frases, algo que frustraba tremendamente a sus colegas en Engine 40. Cada vez que llegaban a un incendio donde los afectados sólo hablaban español, los otros bomberos se volvían instintivamente hacia él. Su respuesta era siempre: yo tampoco entiendo nada. Su padre es puertorriqueño pero su madre es mitad irlandesa y mitad alemana, y Steve y sus dos hermanos crecieron hablando sólo inglés. En los últimos años, Mercado lamentaba no saber más español y quería que sus hijos aprendieran. «Era algo muy importante para él. Quería que supieran por lo menos dos idiomas», dice Joviana. Para evitar quedarse al margen de algún aspecto de su vida, él se había comprado un disco compacto con clases y estaba empezando a estudiar.

Después del 11 de septiembre, Judith Hendrickson pensó en Joviana y se acordó del consejo que Steve Mercado le dio en 1999, tras la muerte de su marido: «No dejes que esos niños olviden al maravilloso y extraordinario hombre que fue su padre».

* * *

ENGINE 40	LADDER 35
FECHA: 11/9/01	FECHA: 11/9/01
TURNO: 6 a 9	TURNO: 9 a 6
OFICIAL: Teniente Ginley	OFICIAL: Capitán Callahan
Gary	Giberson
M. Lynch	Otten
D'Auria	Roberts
Marshall	Morello
Mercado	Bracken

A la entrada de Engine 40/Ladder 35, dos pizarras enmarcadas recuerdan lo inolvidable. Esos doce bomberos de ambas compañías, que comparten cuarteles en el Upper West Side, respondieron a la alarma el 11 de septiembre. Casi todos ellos murieron. El único sobreviviente fue Kevin Shea, de Ladder 35, quien acababa de terminar su turno cuando llegó la noticia de que un avión había impactado al World Trade Center. Shea trató de montarse en el carro de su compañía, pero ya estaba lleno, así que fue al lugar junto con Engine 40. Después de que colapsaron las torres, trabajadores de rescate encontraron a Shea, herido y semi inconciente. Lo último que recuerda de esa mañana es haberle pedido permiso al capitán de Engine 40 para buscar a sus compañeros de Ladder 35. Ambas torres aún estaban en pie.

Mercado había trabajado once años en Engine 40, donde todos sus compañeros lo llamaban Rico. Con su apellido español y su preocupación por vestir bien, Mercado se ganó el apodo, sacado de la canción «Rico Suave», que estuvo de moda a comienzos de los 90.

Fue Mercado quien representó a su compañía de bomberos en «Live with Regis & Kathy Lee». Los estudios de la cadena ABC, donde se grababa el programa, están en Lincoln Center, a pocas cuadras de Engine 40. Hasta allá llegó Regis Philbin, en busca de modelos. Regis entrevistó a varios bomberos y cuando le llegó el turno a Mercado, le preguntó por qué debería seleccionarlo a él, en vez de a otro de sus compañeros. «Porque soy más guapo», respondió. Pocos días después, Mercado apareció en televisión. Debajo de su chaqueta de bombero llevaba sólo shorts y una camiseta, que modeló como si estuviera en una pasarela de Milán. Sus compañeros aún sonríen cuando se acuerdan del programa.

En Engine 40, Mercado entretenía a los bomberos con otro de sus talentos: la imitación. A él no le interesaban los famosos, sino los que lo rodeaban. Cuando estaba en la cocina, observando cuidadosamente a un colega, era señal inequívoca de que estaba trabajando en su repertorio. Y nadie, ni siquiera el capitán, se salvaba de sus imitaciones. «Lo hacía a la perfección y era graciosísimo», recuerda Mike Kotula. «Claro que con algunos de los tipos más grandes, él tenía que asegurarse de que estaba cerca de la salida antes de empezar a imitarlos», agrega riéndose, aunque la mayoría dice que Mercado era cuidadoso en ser divertido, pero no ofensivo (por lo menos, no demasiado).

En los últimos años se había vuelto un buen cocinero y preparaba platos latinoamericanos. Le pedía recetas a su suegra y a veces la llamaba de la estación con preguntas sobre alguna preparación. Los plátanos fritos eran una de las cosas que le quedaban muy bien. Pero con el arroz no había caso. «Siempre se le quemaba», recuerda Kotula. «En varias ocasiones tuvimos que salir corriendo al restaurante chino para reemplazar el arroz que Steve había quemado». Cuando otro puertorriqueño hizo su entrenamiento en Engine 40, Mercado lo nombró su cocinero asistente y lo puso a cargo de los tostones. Pero su ayudante tenía tanta experiencia en la cocina como en los bomberos y algo le falló en la preparación. Todos sintieron los resultados unas horas después de comer. Fue una larga noche en Engine 40.

Mercado además organizaba el picnic anual de la compañía, en el Bronx, para todos los bomberos y sus familias. Y, por supuesto, este atleta innato era la estrella del equipo de softball. «Era nuestro Derek Jeter», dice Kotula. El 17 de abril, el equipo de softball del Departamento de Bomberos se reunió en Central Park a recordar a los cinco jugadores que murieron en el World Trade Center. Les entregaron las camisetas con sus nombres a sus familias. Como cada martes, ahí estaban Skylar y Austin Mercado.

En el Bronx, los homenajes a Mercado han sido muchos. El fin de semana del Memorial Day, equipos de varias ciudades de Estados Unidos volvieron a reunirse en Nueva York. Vinieron a jugar en el torneo de stickball, pero también a recordar a su líder. Bautizaron Stickball Boulevard —la calle en Castle Hill donde se realizan los partidos— con el nombre de Steve Mercado e inauguraron un mural en su honor. Además, Mercado fue incluido en el Stickball Hall of Fame, con el que el Museo de la Ciudad de Nueva York recuerda a quienes más han contribuido a este deporte.

Joviana cree que su marido estaría ambivalente ante estos homenajes: «Probablemente diría que es demasiado pronto para hacer algo así por él, porque no terminó su proyecto». Es cierto que, en gran parte debido a sus esfuerzos, más gente juega stickball en Estados Unidos y este deporte está mucho mejor organizado que hace unos años. Pero el stickball aún está lejos de ser conocido a nivel nacional y más todavía del gran sueño de Mercado: de convertirse en un deporte olímpico. Varios de sus amigos han asumido nuevas responsabilidades en la liga tras la muerte de Mercado y aseguran que tratarán de cumplir su sueño. Pero sus sucesores no parecen compartir la convicción de Mercado de que algún día el stickball se jugará en calles de todo el mundo y en las olimpíadas. «Si alguien podía lograrlo, ése era Steve», dice Sonia González, la documentalista. «Para él era un objetivo muy serio. No sé si alguno de los otros jugadores siquiera se pueden imaginar el stickball en un escenario tan importante».

Dennis Mojica

◆

COMO UN REY

«No se aceptan negros ni puertorriqueños». Ése fue el mensaje que encontraron Elbert Washington y Dennis Mojica al llegar a su primer día de trabajo, el fin de semana de Acción de Gracias de 1973. Ambos acababan de graduarse de la Academia de Bomberos y habían sido asignados a Engine 290, en East New York, Brooklyn.

La compañía estaba cerrada cuando llegaron, así que ambos se quedaron esperando afuera unos minutos. Cuando los bomberos regresaban y entraban el carro, la alarma volvió a sonar. Washington y Mojica se quedaron nuevamente solos, pero dentro del lugar donde iban a trabajar los próximos dos años.

En la cocina —el centro de reunión de toda compañía de bomberos— vieron la pizarra con el mensaje que, obviamente, se refería a ellos. «Estábamos sorprendidos pero no asombrados, porque había existido una tremenda oposición a que nos integráramos al Departamento de Bomberos», recuerda Washington.

Él, Mojica y otros 150 hombres pertenecían a la clase de 1973, una de las más controvertidas en la historia del Departamento de Bomberos. Por primera vez, latinos y negros constituían parte importante de los alumnos: el 25 por ciento. Pero este avance en la diversificación del FDNY —que hasta la actualidad está integrado, en un 93 por ciento, por hombres blancos— se logró en las cortes. Por decisión judicial, el Departamento de Bomberos se vio obligado a aceptar a un postulante negro o latino por cada tres blancos que fueran admitidos, debido a fallas en el examen de admisión. Las puertas del departamento estaban abiertas, pero no los brazos de los otros bomberos.

El primer día de clases, esa cuarta parte del curso tuvo claro lo que les esperaba. En medio de la orientación a los nuevos alumnos, el sindicato les anunció que no eran bienvenidos. «Lo primero que nos dijeron fue que no nos querían», recuerda Washington. Y cuando uno de los novatos preguntó sarcásticamente si las promociones también se iban a decidir por porcentaje, ya los ánimos estaban tan exaltados que Fernando Hernández decidió arreglar las cosas a golpes. Fue entonces que conoció a Dennis Mojica, quien junto a otros compañeros intervino para evitar la pelea y al final del día llevó a Hernández a su casa, para asegurarse de que no se iba a meter en más problemas. «Yo era la tormenta y él era la calma», dice Hernández.

Cuando un bombero considera que un colega hace bien su trabajo, y sólo entonces, por lo que general usa dos descripciones: «Hace lo correcto» y «Mantiene la calma». Durante 28 años, Dennis Mojica hizo ambas cosas consistentemente y —a pesar de las dificultades que enfrentó en los primeros años, como uno de los pocos puertorriqueños en el FDNY— llegó a tener «la carrera que la mayoría de la gente quiere, que la mayoría de los bomberos de este país envidiarían», opina el teniente Ray Bell, amigo de Mojica e integrante del equipo de rescate de Miami-Dade.

La carrera de Mojica partió en Engine 290 y a los pocos años lo llevó a Ladder 120, también en East New York. En esa época el sector estaba lleno de gente pobre y de propiedades abandonadas o totalmente descuidadas. No era raro que en una noche los bomberos de Engine 290 respondieran a cerca 30 emergencias: incendios —casuales e intencionales—, balacera, accidentes de tránsito y gran variedad de crisis.

Mojica «era un bombero del gueto», dice Robert Galione, que trabajó con él cuando fue ascendido a Rescue 2. «Uno pasa 15 años de su vida en un vecindario que ha sido olvidado, golpeado, descuidado, donde tiende a haber la mayor cantidad de incidentes con fuego, así que los que trabajan en esas áreas tienden a ir a más incendios que alguien que trabaja en el centro de Manhattan. Ésa es una ventaja que uno mantiene para siempre: uno es un bombero del gueto. Uno ha ido a un montón de incendios, tiene experiencia y se mantiene muy calmado. Y Dennis pudo llevar esa experiencia a la gran ciudad».

En 1984 Mojica fue asignado a Rescue 2, en Brooklyn, la unidad de rescate con mayor actividad de Nueva York. Los bomberos de rescate intervienen en las situaciones más inusuales y, muchas veces, más difíciles. Son ellos los que acuden cuando un auto cae al río, un tren arrolla a una persona, hay personas atrapadas en un ascensor o cuando colapsan edificios. «Cuando la gente necesita ayuda, llaman a los bomberos. Cuando los bomberos necesitan ayuda, llaman a Rescate», dice Bell.

En agosto de 1997, Mojica y Robert Galione respondieron a la alarma: un edificio estaba colapsando en Flatlands, Brooklyn. Policías habían respondido tras la caída de una muralla y habían evacuado a la mayoría de la gente —eran las tres de la mañana—. Mientras iban en camino, Mojica y Galione oyeron colapsar el edificio de cinco pisos. Cuando llegaron había un anciano atrapado. «Nos abrimos camino por un rato, cortamos algunos muebles y algunas de las paredes que seguían en pie, lo liberamos y entonces con Dennis lo tiramos hacia fuera», dice Galione. Por ese trabajo, Mojica y Galione recibieron uno de los mayores honores que la ciudad otorga a un bombero: ser condecorado por el alcalde en una ceremonia de premiación anual que se realiza frente a la Municipalidad.

Mientras estaba en Rescue 2, Mojica ascendió a teniente y un par de años después pasó a Rescue 1, que si bien responde a menos emergencias que la compañía en Brooklyn, es considerada la unidad de rescate de mayor prestigio de Estados Unidos. No sólo fue la primera compañía de rescate que se fundó, en 1915, sino que, además está en el centro de Manhattan, donde «siempre están bajo la mirada de alguien importante», dice Galeone. David Marmann, de Rescue 1, asegura: «Cada vez que sale algo en las noticias en Manhattan, nosotros estamos ahí».

No sólo en Manhattan. Como Mojica, muchos de los miembros de Rescue 1 pertenecen a FEMA, la agencia de manejo de emergencias en Estados Unidos, y al Sistema Nacional de Búsqueda y Rescate (US&R). El 11 de septiembre de 2001 varias de las leyendas del departamento de bomberos de Nueva York eran parte de Rescue 1: el capitán Terry Hatton —apodado «capitán Man-hatton» por su amor hacia el lugar que conocía tan bien—, que había recibido 19 medallas en sus 21 años de servicio y era amigo del alcalde Rudolph Giuliani; Joe Angelini, el bombero más antiguo de la ciudad, tenía 63 años, se había integrado al departamento cuando John Kennedy era presidente y se rehusaba a jubilarse hasta que lo obligaran —a los 65—; y Dennis Mojica, que había participado en operaciones de rescate tras el huracán Georges que azotó Haití y República Dominicana y tras las explosiones en los Juegos Olímpicos de Atlanta, el edificio federal de Oklahoma City y el edificio Humberto Vidal en Puerto Rico, donde hubo más de 40 muertos y 100 heridos.

* * *

Cuando era niño, Dennis Mojica corría a la ventana cada vez que escuchaba la sirena de bomberos y observaba fascinado al carro y a los hombres montados en él. Ya a los cinco años decidió tomar el asunto en sus propias manos. Cuando un vecino recibió de regalo un carro de bomberos, Dennis se lo quitó y salió corriendo —se tropezó a los pocos metros—. Siendo adolescente, se ganaba unos cuantos dólares lustrando zapatos y, normalmente, terminaba haciéndolo en Engine 221/Ladder 104, la compañía de bomberos que estaba a unas cuadras de su casa. «Nunca lo dijo, pero era algo que siempre le había fascinado», dice su hermana mayor, Judith.

En una enorme cantidad de casos, ser bombero es algo que se lleva en la sangre. El oficio —el deseo de ayudar a otros, la búsqueda de emoción, el espíritu de hermandad— se transmite de generación en generación, y un niño sabe que quiere ser bombero porque ha aprendido de su padre que ése es, simplemente, el mejor trabajo del mundo.

No era algo que Dennis Mojica hubiera heredado. Era el hijo de una costurera y de un obrero, Mojica se crió junto a su padre y sus tres hermanos en Williamsburg, Brooklyn. Su madre murió cuando él aún no cumplía dos años y Judith adoptó durante toda su vida el papel de hermana, amiga y madre. «Cuando él se fue, perdí a un hermano y a un hijo», dice. Antes, cuando ambos tenían poco más de 30 años, habían sufrido otras pérdidas: la muerte de su padre y de su hermana.

«Dennis vivió momentos muy difíciles», dice Carla Amodio, cuyo marido, Dennis Amodio, era el mejor amigo de Mojica. «Creo que por su infancia y por lo que no tuvo, apreciaba la vida más que otras personas». Quienes conocieron a Mojica siempre mencionan su sentido del humor y su permanente sonrisa. En el website del Departamento de Bomberos de Nueva York, se incluye un homenaje a quienes dieron su vida el 11 de septiembre. Entre las 343 fotos de archivo, Mojica es uno de los pocos que aparece con una sonrisa de oreja a oreja.

«Le dije, "Dennis, no puedo pintar tus dientes"», recuerda Jesse J. Gardner. Entre 1991 y 1995, él pintó una serie de 25 retratos de los «héroes anónimos» del Departamento de Bomberos. Mojica fue uno de ellos. Como preparación para la pintura, y mientras conversaban, Gardner tomó varias fotografías de su modelo. En todas ellas Mojica estaba riendo o sonriendo. «En retratos casi nunca se pintan dientes», dice Gardner, que tuvo que pedirle al bombero que se pusiera serio para la ocasión. El resultado fue una imponente pintura, de 1,8 por 1,2 metros, que se exhibió por primera vez en el otoño de 1994. El retrato del bombero, en uniforme de gala, con múltiples medallas en el pecho y mirada orgullosa, fue descubierto en una ceremonia. A Mojica se le cayeron las lágrimas. «Es hermoso, pero no sé si estoy a la altura», fue su comentario. Gardner le respondió: «Así es como la gente te ve. No estoy inventando nada. Ése eres tú».

Dennis Mojica era un oficial muy admirado en el Departamento de Bomberos. Su cargo como teniente de Rescue 1 le permitió formar y entrenar a otros, algo que le interesaba especialmente, y muchos bomberos se refieren a él como su amigo, mentor y más. «Mi papá murió y yo lo respetaba como si fuera mi padre», dice Jaime Rivero, de 32 años, director de la Agencia de Búsqueda y Rescate de Puerto Rico. Ambos se conocieron en noviembre de 1996, tras la explosión del edificio Humberto Vidal. Mojica integró el equipo neoyorquino enviado a ayudar en la emergencia y trabajó estrechamente con Rivero. Al terminar la misión, él le preguntó a Mojica cómo podrían crear una unidad puertorriqueña especializada en rescate. Mojica se ofreció a ayudar e hizo las gestiones ante la municipalidad de Nueva York. Policías y bomberos de la ciudad viajaron periódicamente a entrenar al personal de la isla, siempre encabezados por Dennis Mojica. «Nos dijo que era muy importante que el personal estuviera bien adiestrado, porque nunca sabíamos cuándo íbamos a tener que ir a Nueva York a ayudar en el trabajo de rescate», recuerda Rivero. Para Mojica, era una satisfacción hacer entrenamiento en Puerto Rico. Si bien nació y creció en Brooklyn, sentía gran apego por la tierra de sus padres. «Estaba muy orgulloso de ser puertorriqueño», dice Dennis Amodio. A Rivero le dijo en una ocasión que él no era *nuyorican*, sino «boricua de corazón».

Mojica planeaba seguir entrenando a bomberos incluso cuando él ya no fuera uno. Para ello había creado una empresa, Technical Rescue Services, con Dennis Amodio. Ellos trabajaron juntos en Rescue 1 y rápidamente se convirtieron en grandes amigos —quienes conocían al hiperactivo Amodio y al tranquilo Mojica los llamaban «Dennis malo» y «Dennis bueno»—. Amodio se mudó a Punta Gorda, Florida, después de jubilarse del FDNY y Mojica compró un condominio en el mismo sector. Iba frecuentemente de vacaciones, en viajes de negocios y hablaba de la posibilidad de vivir ahí cuando se retirara. Si bien le atraía la posibilidad de mudarse a un lugar más tranquilo que Brooklyn y trabajar tiempo completo con Amodio, no era una decisión fácil. En Long Island vive su hija Alessandria, de 14 años. Los padres de Alessandria no se casaron, pero Mojica siempre se aseguró de estar cerca de su hija. El día de San Valentín de 2001, él fue a su colegio y la sorprendió, en medio del día, con un peluche de Piolín.

Mojica podría haberse jubilado en 1993, cuando cumplió 20 años de servicio, pero simplemente le encantaba lo que hacía. «Espero que a mí me guste tanto este trabajo cuando tenga su edad», dice Ed Federkeil, amigo de Mojica y teniente del equipo de rescate de Broward County. A María Barreto, su novia, le había dicho que se retiraría en 2003, a los 30 años. «Claro que me dijo lo mismo cuando cumplió 25», dice ella sonriendo. María, que es puertorriqueña, y Dennis Mojica estuvieron juntos durante ocho años. Mojica había sido soltero durante 49 años y no parecía tener ganas de cambiar de estado. Pero cinco días antes de la Navidad de 2000, la llevó a su restaurante favorito en Brooklyn y escondió el anillo de compromiso en una de las nueces que acompañaban el postre. Ella no podía parar de llorar. Fijaron la fecha para el 10 de noviembre de 2001.

* * *

Aproximadamente a las 7.30 de la mañana del 11 de septiembre, Mojica habló con Dennis Amodio. Éste iba a empezar sesiones de entrenamiento en el aeropuerto de Miami, y Mojica se disculpó por no acompañarlo en ese trabajo: «Yo debería estar ahí». Amodio le dijo que no se preocupara. Se reunirían ese sábado en Texas, para entrenar durante una semana a personal de la ciudad de Dallas.

Poco después lo llamó Daniel Alfonso, de 25 años, quien desde niño considera a Mojica como su padre. Alfonso había empezado a tomar clases el día anterior y llamaba para contarle las novedades. Durante mucho tiempo, Mojica había insistido en que él fuera a la universidad, pero le era difícil compaginar las clases con su trabajo como supervisor de seguridad pública para el estado de Nueva York. Mojica estaba feliz con las noticias. Tras colgar, Alfonso anotó que uno de los oficiales bajo su mando había llegado a su puesto. Registró la hora en el libro: las 8.46 de la mañana.

«En el minuto 46 de la hora 8» —como recordaría meses después el presidente Bush— un avión de American Airlines se estrelló contra la torre norte del World Trade Center. Mojica se preparaba para volver a casa. Terminaba de trabajar a las nueve de la mañana, cuando lo relevaba un grupo encabezado por el capitán Hatton. Cuando sonó la alarma, los bomberos de ambos turnos estaban en Rescue 1. Todos partieron al World Trade Center.

Los miembros de la compañía de elite de Nueva York entendían, probablemente mejor que muchos, lo que les esperaba. En el lobby de la torre norte, el capitán Hatton se encontró con su amigo Tim Brown, otro bombero. Hatton lo abrazó, le dio un beso en la mejilla y le dijo: «Te quiero, hermano, no sé si te volveré a ver». Luego, los once bomberos de Rescue 1 que estaban trabajando ese día —Mojica, Hatton, Angelini y otros— empezaron a subir las escaleras. Ninguno volvió a bajar.

Rescue 1 perdió a casi la mitad de sus 25 integrantes. Nueva York perdió a hombres que en conjunto tenían más de 200 años de experiencia como bomberos y que estaban especializados precisamente en las tareas de búsqueda y rescate que comenzarían pocas horas después.

En cuanto se enteraron de la noticia, Dennis Amodio y Ed Federkeil cargaron herramientas de rescate, montaron un auto y condujeron 22 horas de Florida a Nueva York. El miércoles 12 se integraron a las labores de Rescue 1. Ese mismo día llegó a Nueva York una delegación de 50 miembros del equipo de búsqueda y rescate de Puerto Rico, encabezada por Jaime Rivero.

El viernes 14, el presidente George W. Bush viajó a Manhattan. Además de visitar el área que ya se conocía como «zona cero», fue a Javits Center, donde estaba el centro de ayuda a los familiares de los desaparecidos. Bush conversó con cada familia. María le mostró una foto de su novio, le contó sobre sus 28 años de servicio en el FDNY y sobre la boda planeada para el 10 de noviembre. Emocionado, Bush le dijo: «Yo voy a venir a su casamiento». Para ella fue una razón más para mantener las esperanzas.

Al día siguiente, Rescue 1 halló el cadáver de Dennis Mojica. «Fue increíble encontrarlo en medio de ese caos», recuerda Amodio. Como cuenta Federkeil, Amodio «trabajó en esa mole, sin parar, excavando tantas horas como pudo mantener sus ojos abiertos hasta que encontró a Dennis. Él fue allá para encontrar a su mejor amigo y encontró a su mejor amigo».

Si bien fue un momento especialmente triste en una semana desoladora, Amodio y Rescue 1 tuvieron la satisfacción de haber recuperado a uno de los suyos. Según María, Dennis Mojica estaría orgulloso de que fueron sus propios amigos los que lo encontraron.

El funeral se realizó el viernes 21 de septiembre en la catedral de San Patricio. Desde el altar, Dennis Mojica —en uniforme de gala, con múltiples medallas en el pecho y mirada orgullosa— observaba a los asistentes. Jesse Gardner había llevado su enorme retrato a la ceremonia. A la salida, cientos de bomberos estaban formados, en una fila que se extendía por dos cuadras, para rendir honores al teniente de Rescue 1. Gaiteros tocaron «Amazing Grace» y el ataúd, cubierto por la bandera de Estados Unidos, fue colocado sobre un carro de bomberos. La esquina de la Quinta Avenida con la calle 51, uno de los lugares más transitados y bulliciosos del mundo, estaba en absoluto silencio. En una ciudad donde aún costaba creer lo que había ocurrido, miles de personas se pararon a observar la procesión y demostrar su gratitud al uniformado caído. Al final, quizá sin encontrar otra forma de manifestar su admiración, empezaron a aplaudir. La hermana y la novia de Mojica concuerdan: «Fue un funeral para un rey». Sobre el carro que transportaba el ataúd alguien había escrito un mensaje:

«NUNCA OLVIDAREMOS».

Manuel Mojica Jr.

◆

LOS SIETE MAGNÍFICOS

Anna Vecchione lo conoció a los catorce años. Manuel Mojica Jr. tenía 16. Eran vecinos en Long Island City, Queens, y un año después empezaron a salir juntos. Los padres de Anna son italianos y no veían con buenos ojos que ella saliera con el hijo de dos puertorriqueños. «Mi madre siempre le decía a mi hermano que si la quería, siguiera con ella, que sus padres comprenderían la clase de hombre que él era», recuerda Letty Mojica, la mayor de los tres hermanos.

Eso hizo. «Siempre fueron inseparables», recuerda Paul Doherty, uno de sus amigos del barrio. Y cuando Mojica decidió integrarse a los marines —una experiencia que lo llevó a viajar por el mundo durante cuatro años—, ella lo esperó. La distancia «sólo fortaleció nuestro amor», dice. Cuando Mojica fue asignado a Carolina del Norte, Anna se mudó a vivir con él.

Después de ser novios durante diez años, se casaron en abril de 1991. «Teníamos una relación especial», dice ella. «Algunas personas pasan toda su vida sin encontrar el tipo de relación que teníamos. Simplemente, teníamos una clase especial de amor».

Aunque es cierto eso de que nadie sabe qué pasa puertas adentro de un matrimonio, quienes los conocieron aseguran que fueron testigos de una pareja como pocas. «Creo que a veces uno piensa que no es posible, una pareja en la que él y ella realmente son buenos amigos», dice Vinia, la hermana menor de Mojica. «Eran cariñosos, y se besaban y bromeaban como si fueran niños. Además eran padres responsables. Yo no veía eso en ninguna otra parte. Era tan cálido y tan genuino que pensaba que nunca se podía terminar».

Tras estar casados durante diez años y tener dos hijos —Stephanie, de ocho años y Manny, de cinco—, los Mojica todavía pasaban casi todo su tiempo libre juntos. Los lunes por la noche iban a jugar bowling con sus amigos Bernard y Annette Flood. Anna era la jugadora del grupo. Mojica no tenía gran talento para el bowling, pero lo importante era pasarlo bien, no ganar el partido. Les gustaba viajar y los últimos dos años habían ido a Las Vegas. «Hacían casi todo juntos», dice Letty. Con una excepción. Mojica iba en noviembre de cada año a los Catskills, a cazar venados. Era una de las pocas cosas a las que Anna no tenía ningún interés en acompañarlo.

«Su matrimonio era el mejor que yo conocía», dice John Ottomano, quien está casado con una amiga de Anna y conocía a los Mojica desde hace 18 años. «Nunca peleaban o discutían. Era increíble. No puedo decir eso de mí ni de nadie más. Y no estoy diciendo eso porque él haya muerto. Uno no encuentra ese tipo de matrimonios. Eran todo, el uno para el otro».

***

Tras volver de los marines, Mojica se integró al Departamento de Bomberos. Al año siguiente se casó con Anna, quien estaba orgullosa y asustada del trabajo de su marido. «Él no lo supo, pero yo lloraba cada vez que él salía a trabajar. Adoraba su trabajo y yo no quería interponerme, así que jamás le habría contado lo que sentía».

Mojica fue asignado a Engine 18, ubicada en calle West 10th y apodada, por lo tanto, Wild West Village. Ahí rápidamente se hizo conocido no sólo en la compañía, sino en el vecindario. Con su cuerpo de físico-culturista, su bigote oscuro, sus siete tatuajes y su Harley Davidson, Mojica no era alguien que pasara inadvertido.

Cuando estaba en los marines, en Japón, Mojica tuvo un accidente en su motocicleta. Terminó con la pierna rota y varios pernos en la rodilla. Las esperanzas de Anna de que ése fuera el fin de sus aventuras en moto, duraron poco. Según ella, la Harley Davidson «era su bebé. Su primer bebé, debería decir».

Él tenía un estado físico impresionante, producto de buenos genes y mucho ejercicio. Iba todos los días al gimnasio y le gustaba usar camisetas sin mangas para exhibir el resultado de tantas horas haciendo pesas. Incluso en la compañía de bomberos, era quien cargaba las cosas más pesadas y los otros sabían qué hacer cuando él no estaba trabajando y necesitaban mover algo grande: esperar a que llegara Mojica.

Su fuerza le venía bien, por supuesto, en su trabajo como bombero, pero también en otros empleos que hacía para ganar dinero extra. Trabajó en seguridad en bares y en conciertos de rock, y cuando su amigo George Tzelios fundó una empresa de protección para ejecutivos, de inmediato llamó a Mojica. «La única persona que yo quería que me ayudara era Manny», dice. Ahí manejaba la limosina para sus clientes —presidentes de compañías, millonarios, incluso un príncipe saudita— y se aseguraba de que estuvieran seguros y a tiempo. Uno de sus clientes era David Banks, un empresario canadiense. Cada vez que él se preocupaba porque iban a llegar tarde a una reunión, Mojica le preguntaba si estaba bromeando. «Decía que no quería que yo me mareara en el asiento trasero o me cayera del auto», recuerda. Por supuesto, jamás llegaron tarde. Banks agrega: «Él era el tipo de persona que no anda analizando la metafísica de las cosas. Si había que hacer algo, entonces lo hacía. Me gusta la gente así. No importa qué sea lo que hagan, siempre logran que el resto se sienta bien».

Según Paul Doherty, su amigo del barrio, Mojica «estaba hecho para ser bombero. Si alguien te podía salvar o ayudar, él era física y mentalmente capaz de hacerlo». Cuando Manuel Mojica Sr., un policía retirado que vive en Florida, visitó la compañía de su hijo después del 11 de septiembre, alguien le comentó que «si uno veía a Manny, le tenía miedo». Él agrega: «Pero cuando lo conocían, era un oso de peluche».

Tras la apariencia de tipo duro, había una persona muy apacible. En varias ocasiones, su hermana Letty le preguntó por qué no se enojaba si tal persona había dicho esto o hecho lo otro. Él contestaba que no valía la pena: «Aunque te de un ataque al corazón, las mismas cosas van a seguir pasando. ¿Por qué vas a dejar que te molesten?».

Entre los vecinos del West Village, el bombero con aspecto de tipo duro era muy popular. «Lo llamaban el alcalde de la calle West 10th», dice Letty. Le gustaba pararse frente a la compañía y saludar a la gente que pasaba. Y, semi escondida detrás de su bigote, Manuel Mojica Jr. tenía siempre una media sonrisa.

**

En 1998, el Departamento de Bomberos decidió crear unidades especializadas, cuyos integrantes estuvieran entrenados para actuar en situaciones donde hubiera materiales peligrosos y reaccionar ante la amenaza de armas de destrucción masiva. Cinco compañías de distintos *boroughs* de Nueva York fueron designadas como brigadas o *squads*.

En Engine 18 la noticia equivalió a una muerte en la familia. O varias. El cambio a Squad 18 significaba que quienes quisieran someterse al arduo entrenamiento podían quedarse. El resto de los hermanos —y en una compañía de bomberos, todos se consideran hermanos— tendría que irse.

«Fue un asunto muy controvertido», recuerda Howard Scott. De los más de 20 bomberos que trabajaban en Engine 18, sólo siete decidieron quedarse. Entre esos Siete Magníficos, como rápidamente los apodaron, estaban Scott y Manuel Mojica. «A raíz de eso nuestra relación se hizo más y más fuerte», dice Scott. Ambos habían llegado a la compañía en 1990 —recién graduados de la academia—

y les tocó hacer juntos el trabajo de todo novato. «Manny y yo pasamos mucho tiempo barriendo y limpiando, lavando platos y ollas. Pero lo hacíamos juntos y lo pasábamos bien», dice Scott.

El entrenamiento al que se sometieron en 1998 fue duro. «Pensé que no iba a durar cuatro días», recuerda Scott. «Y ya llevo cuatro años». Había poco tiempo para absorber lo aprendido antes de que tuvieran que ponerlo en práctica. Además del manejo de materiales peligrosos, los hombres de Squad 18 aprendieron técnicas de rescate en espacios confinados, solución de colapsos y emergencias en el metro, entre varias otras. En gran parte de Manhattan, Squad 18 responde a este tipo de emergencias en conjunto con Rescue 1. Mojica «lo encontraba interesante», dice Anna. «Pero era mucho más trabajo, mucha más responsabilidad».

Tanto por su ubicación en el sur de Manhattan, como por su especialidad, Squad 18 se convirtió en un visitante frecuente del World Trade Center. Allá llegaron cuando una unidad de aire acondicionado aplastó a una persona y cuando uno de los ascensores cayó varios metros antes de quedar atascado en el piso 70. Ahí también estuvieron en febrero de 1993, cuando una bomba de casi 500 kilos estalló en el subterráneo, mató a seis personas e hirió a más de mil. «Conocíamos el World Trade Center bien», dice Scott. «De arriba a abajo».

***

Mojica era uno de los choferes del carro de Squad 18. Conducir a toda velocidad por Manhattan tenía cierto atractivo, pero también un gran inconveniente: el chofer

108

frecuentemente se tiene que quedar junto al carro, regulando el agua para los bomberos que están dentro del edificio. Ésa era una parte que a Mojica no le gustaba en absoluto. «Se enojaba cuando le tocaba quedarse afuera, controlando las mangueras. Lo que él quería era estar adentro», dice su hermana Vinia. «Quería estar en medio de la acción, no en el carro».

El 11 de septiembre, a Mojica le tocó conducir. El cuartel de Squad 18 —construido en 1892— estaba en reparaciones, por lo que los bomberos de esa brigada estaban temporalmente en Ladder 20, en SoHo. Sus compañeros, estaban realizando las típicas actividades matinales —revisar el equipo, saludar a la gente que va camino al trabajo— cuando vieron un avión estrellarse contra la torre norte. Estaban a menos de dos kilómetros y medio, y era obvio que la brigada especializada en manejar materiales peligrosos iba a ser llamada al lugar. Sin esperar sus órdenes, se montaron en el carro y partieron.

Al lugar ya habían llegado unas pocas compañías, incluyendo Engine 7/Ladder 1, ubicada a sólo siete cuadras del World Trade Center. Ese verano, dos hermanos franceses, Jules y Gedeon Naudet, filmaban un documental sobre un *probie* de esa compañía y llegaron con los bomberos pocos minutos después del primer impacto. En el documental que hicieron sobre el ataque se ve a Manuel Mojica. En la toma, que dura unos pocos segundos, aparece él caminando hacia el lobby de la torre norte, cargando en el hombro una manta que los bomberos usan para evitar que el viento refuerce un incendio en edificios muy alta. Como el World Trade Center requería el trabajo de tantos bomberos, ese día el chofer de Squad 18, junto al resto de sus compañeros, subió a la torre norte.

«Considerando lo temprano que partieron y que el teniente Billy Mc Ginn [el oficial a cargo] era un bombero increíble, a quien le gustaba trabajar muy rápido, estoy seguro de que estaban más arriba en el edificio que nadie», dice Howard Scott. Un hecho confirma sus cálculos. Según estimaciones de muchos bomberos, mientras más alto estaban sus compañeros, la posibilidad de encontrarlos después del colapso era mayor.

Cuando terminó la labor de búsqueda en el World Trade Center, sólo 194 de los 343 bomberos que ahí fallecieron fueron identificados. Para fines de octubre, Squad 18 ya había recuperado a los siete integrantes que perdió ese día. Al menos sus siete familias pudieron realizar un entierro. Al menos los bomberos de Squad 18 tuvieron la oportunidad de darle un funeral de honor a sus hermanos caídos. Como dice Scott, eso los convierte en afortunados, dentro de los desafortunados.

James N. Pappageorge

◆

A TODA VELOCIDAD

Una tarde de enero de 1995, Gina Pinos estaba en su departamento viendo televisión con su novio, cuando sonó el timbre. Para su sorpresa, al abrir la puerta ahí estaba James Pappageorge, vestido en un uniforme que nunca le había visto. Ella le dijo que no podía hablar, pero lo llamó al día siguiente para pedirle explicaciones: qué pretendía apareciendo repentinamente en su casa, cinco meses después de que habían terminado su relación, y qué hacía vestido de esa forma.

Ambos se conocieron en Bally, donde Pappageorge trabajaba como entrenador personal. A él le atrajo Gina, se fijó en los días que ella iba al gimnasio —lunes, miércoles y viernes, después de las siete de la tarde— y ajustó su horario para estar ahí cuando ella fuera. Por supuesto, todo esto se lo confesó más de un año después, cuando empezaron a salir. Durante ese tiempo, Gina no le había prestado ninguna atención.

«El verano que estuvimos juntos fue increíble», ella recuerda. «Fue una relación muy apasionada y creo que los dos tuvimos sentimientos muy intensos por el otro». Pero a los pocos meses, él empezó a actuar distante y decidieron terminar. Gina regresó con un ex novio y no volvió a ver a Pappageorge hasta que él apareció en su puerta, con uniforme y ambulancia nuevas.

Gina había obtenido su título universitario en publicidad y comunicaciones, y Pappageorge sentía que un entrenador personal no estaba a su altura. Además se había asustado de sus sentimientos, pero los meses que estuvieron separados —le explicó— le sirvieron para pensar y aclarar lo que quería hacer. Estudió en La Guardia Community College y se convirtió en técnico de emergencia médica (EMT). Ahora estaba listo para una relación.

«Ahora no puedo», le respondió Gina. Por más impresionada que estuviera y por fuertes que fueran sus sentimientos hacia él, no sólo tenía novio, además había quedado embarazada. Fue una noticia terrible para Pappageorge, pero le dijo que quería casarse y cuidarla a ella y a su hijo. Gina le respondió que estaba loco, que se fuera y buscara a otra persona. «Suena como una telenovela», sonríe. Ella quería hacer lo que consideraba correcto, por lo que siguió con su novio, pero a los siete meses de embarazo era obvio que la relación no funcionaba y decidió terminar. Llamó a Pappageorge. Él vino de inmediato, la acompañó a las clases de Lamaze, asistió al parto y desde el comienzo consideró a Justin como si fuera su hijo. El segundo nombre de Justin es Nicholas, igual que el de James y Demetrios Pappageorge.

James Nicholas Pappageorge nació el 23 de marzo de 1972, en Queens. Su padre, Demetrios, era hijo de inmigrantes griegos y tanto James como su hermana, Helen, hicieron su enseñanza primaria en la escuela ortodoxa griega Transfiguration Elementary.

Su madre, Olga Valdez, había venido de visita a Nueva York en 1967, con la intención de quedarse un par de meses. Nunca regresó a Argentina. Ella hablaba en español con sus hijos y «a Jimmy le encantaba el idioma, creía que era muy romántico», dice Gina, cuyos padres son ecuatorianos. Además le gustaba mucho la música latina. Marc Anthony y todo lo que fuera salsa estaban entre sus favoritos, claro que sólo para escuchar. Gina tenía que arrastrarlo a la pista de baile.

Pappageorge creció en la calle 95 de Jackson Heights, Queens, en un barrio donde en la década de los ochenta abundaban las drogas. Los vecinos de esta cuadra formaron una comunidad y un refugio. Las familias se protegían entre sí y los niños pasaban todo el tiempo juntos, casi siempre practicando deportes. Pappageorge era un muy buen jugador y muy competitivo. «Era el tipo de niño que si el juego no estaba yendo de la forma que él quería, tomaba su pelota y se iba», dice Miguel Taveras. Otra amiga del barrio, Lelia O"Doherty, recuerda que Pappageorge «odiaba perder, en especial contra una mujer».

Su competitividad la demostraba también tras el volante. Era un fanático de los autos y cuidaba el suyo como si fuera una joya. El Dodge Conquest TSI «era su bebé», recuerda Henry Lovera. Le compró una alarma parlante («No se acerque demasiado a este vehículo») y tantos aparatos que tuvo que instalar una batería especial. Con el auto reluciente y totalmente equipado, estaba listo para irse de carreras. Le encantaba la velocidad —era de esos que aceleran incluso aunque a media cuadra los espera una luz roja— y siempre andaba en busca de alguien a quien ganarle. «Algunos policías aún están buscando ese Conquest negro», asegura Lovera.

Su gusto por la velocidad resultó útil en su profesión. Cuando se convirtió en EMT, le tocaba manejar la ambulancia. Y cómo manejaba. «¡Maldición, Jimmy, me ganaste de nuevo!», le gritó por radio Benny Dawson. Ambos conducían distintas ambulancias desde el Metropolitan Hospital, en el Upper East Side, y a veces trabajaban en el mismo horario. Los dos escuchaban la radio de los policías —Pappageorge había conseguido la suya de su hermana, que es detective de narcóticos en Queens— y oyeron que una patrulla estaba persiguiendo a un vehículo sospechoso en Harlem. Por si había heridos, Dawson y Pappageorge salieron hacia el área. Por la radio sabían que el otro también iba en camino y entendían que, como siempre, esto era una carrera. Ninguno de los dos sabía quién iba adelante, hasta que Dawson vio «enormes marcas de neumáticos en la calle». Así se dio cuenta de que Pappageorge le había ganado.

Claro que en una ocasión, ni siquiera alcanzó a llegar a su destino. Manejaba la ambulancia hacia la escena de un accidente, cuando llegó a una pequeña rotonda en Harlem, donde hay una estatua rodeada por rejas. Pappageorge trató de esquivarla (sin frenar, por supuesto). Terminó con la ambulancia atascada entre las rejas y, para su humillación, tuvo que llamar a sus amigos para que lo rescataran. Se rieron de él durante meses.

Pero quienes trabajaron con él —primero como técnico de emergencia y luego como paramédico— dicen que Pappageorge no sólo se esforzaba por llegar lo antes posible donde un herido o un enfermo. Más que nada, destacan la forma en que trataba a sus pacientes, tanto física como emocionalmente. «Era el tipo de persona que uno escogería para tratar a un familiar, porque a él de veras le importaba», dice Manny Delgado, quien fue su instructor en el programa de paramédicos de La Guardia. Además, Pappageorge tenía grandes conocimientos de medicina de emergencia y jamás paraba de estudiar. *EMT en 60 segundos*, que enseña a evaluar la condición de un paciente rápidamente, era uno de los libros que llevaba constantemente. «Lo debe haber leído al revés y al derecho, porque siempre era capaz de hacerlo», dice Edwin Garcés. Nick Aiello, otro paramédico, recuerda: «A veces me daba vuelta y él había entubado a la persona antes de que yo pudiera pestañear. Era tan bueno en lo que hacía, que le resultaba totalmente natural».

A Pappageorge le gustaba tanto su trabajo que decidió no limitarse a hacerlo sólo cuando estaba de turno. Convirtió su auto —en los últimos años, un Mustang blanco— en una verdadera ambulancia. Tenía oxígeno, un maletín de primeros auxilios, gran cantidad de equipo médico y, por supuesto, la sirena y las luces. «Básicamente, uno podía trabajar desde el auto de Jimmy, excepto para transportar a alguien», dice Rob Wilson. Lo único que faltaba —porque no cabía— era la camilla.

* * *

En 1996, el servicio de medicina de emergencia se incorporó al FDNY y varios de los amigos de Pappageorge optaron por convertirse en bomberos. Él empezó a escuchar las historias de camaradería y hermandad que hay en las compañías de bomberos y de los otros beneficios que ofrecía el Departamento: mejores sueldos que los que ganaban los paramédicos y, sobre todo, un horario más compatible con la vida familiar. Pappageorge se fue a vivir con Gina en 1997 y ambos tenían claro que a futuro querían casarse y tener más hijos. Él decidió convertirse en bombero.

Empezó su entrenamiento en febrero de 2001. Michael Gray, quien había sido su compañero en medicina de emergencia y se hizo bombero en 1999, le dijo que la academia era difícil y que la mejor forma de sobrevivirla era que ninguno de los instructores supiera su nombre. Y, sobre todo, le advirtió: «Si llegas tarde, especialmente el primer día, van a recordar tu nombre todo el tiempo». Pappageorge llegaba atrasado a todas partes. Y no quince o veinte minutos. Una y dos horas tarde. Casi todo el tiempo. A pesar de los consejos de Gray, su primer día en la academia no fue la excepción. «Hicieron que se parara enfrente de todos y le explicara a todos por qué estaba atrasado», recuerda Eddie Sánchez, su jefe de grupo en la academia. «Y el capitán dijo que lo iba a llamar Señor Atrasado. Y le dijo que iban a ser amigos. Y siempre que tenía un comentario que hacer sobre alguien, hacía que Jimmy se parara».

116

Pappageorge nunca más volvió a llegar tarde. No sólo a la academia —donde cada mañana aparecía una o dos horas antes— sino a ninguna parte. Su impuntualidad de toda la vida desapareció de un día para otro. «La academia y el departamento de bomberos realmente lo cambiaron», dice Gina. Cuando llegó a trabajar a la compañía, se dio cuenta del esfuerzo necesario para mantener un lugar donde un grupo vive, come y duerme. Gina dejó de tener que recordarle que era su turno de lavar la ropa y en ocasiones, cuando llegaba a casa, se empezó a encontrar con que la mesa estaba puesta y la comida, preparada.

Pappageorge se graduó de la academia el 23 de julio de 2001. No «estaba exactamente entusiasmado con la idea de convertirse en bombero hasta que se convirtió en bombero», recuerda su amigo Rob Wilson. Una vez que llegó a Engine 23, en Manhattan, empezó a disfrutar el trabajo en equipo y la camaradería con sus colegas. Ya estaba hablando de las fiestas de Navidad a las que Justin iba a ir, de los asados y picnics que disfrutarían durante el verano y del segundo hogar que la compañía de bomberos iba a ser para él y su familia.

Como el integrante más nuevo del equipo, le correspondía hablar poco, estudiar mucho y esforzarse más que el resto en esas tareas que ningún bombero disfruta, pero que forman parte de la vida en la compañía: limpiar, lavar y barrer. Igual que todos los *probies*, aún tenía que demostrarle a sus compañeros de qué era capaz.

A comienzos de agosto, Engine 23 respondió al llamado de una niña con paro cardíaco. Cuando llegaron al apartamento, se encontraron con que no había personal médico. Pappageorge tomó a la niña en sus brazos y empezó a hacerle compresiones en el pecho mientras se metía al ascensor y avanzaba hacia la salida del edificio. Cuando llegó a la calle, se dio cuenta de que los paramédicos que esperaba encontrar aún no habían llegado. Sólo estaba una patrulla de policía. Sin dudar, se montó en el asiento trasero y ordenó que lo llevaran al hospital más cercano mientras seguía tratando de resucitar a la niña. «Hizo un trabajo excelente con la niña desde el comienzo. Él realmente sabía qué hacer», dice el teniente James Di Costanza, quien estuvo con él ese día. Aunque la pequeña no sobrevivió, Pappageorge había hecho todo lo posible y se ganó el respeto de sus compañeros de Engine 23.

* * *

En noviembre de 2000, después de vivir juntos durante tres años, Pappageorge y Gina decidieron casarse. La boda, eso sí, tendría que esperar hasta septiembre de 2002. Él ya había decidido convertirse en bombero y para entonces, calculaban, estaría asentado en su nuevo trabajo y habrían podido ahorrar para la boda grande y hermosa que ambos querían.

La noche del lunes 10 de septiembre de 2001, Gina se hizo una prueba de embarazo. Fue positiva, pero ella prefirió confirmar los resultados a la mañana siguiente, antes de contarle a su novio. El martes, muy temprano, repitió la prueba. Nuevamente, fue positiva. Gina se lo quería decir de inmediato, pero él estaba apurado. Le tocaba trabajar a las nueve y, por supuesto, quería llegar temprano. Feliz por las noticias que iba a contarle después, Gina le dio un beso y un abrazo más largos que de costumbre.

«Tuve la oportunidad de decirle adiós», dice. «Muchos no pueden decir eso».

Cuando caminaba hacia su oficina, en midtown, Gina vio un grupo de gente aglomerada frente a pantallas de televisión. Se preguntó qué película era ésa, hasta que se dio vuelta hacia el World Trade Center y vio la misma imagen. En ese momento supo: «Le tengo que decir a Jimmy que estoy embarazada». Su celular no funcionaba, así que corrió a un teléfono público. «El carro se está yendo», le contestó él. «Me tengo que ir». Cortó antes de que Gina alcanzara a contarle.

Al llegar al World Trade Center, Pappageorge se topó con Manny Delgado. Su ex instructor también pertenece, como paramédico, al Departamento de Bomberos. Delgado estaba en West Street, cuando escuchó que alguien lo llamaba: «¡Hey, Manny! ¡Hey, Manny!». Era Pappageorge, que junto a otros cinco bomberos de Engine 23 iba camino a la torre sur. Delgado recuerda: «Le dije "suerte, hermano" y él me guiñó un ojo, hizo la señal de la victoria y siguió caminando».

El 12 de octubre, cuando aún no habían encontrado el cuerpo de su novio (fue hallado en abril), Gina perdió a su bebé. Unos meses después, ordenando algunas cosas, ella encontró el regalo que recibió en su último día de San Valentín juntos, *Todo sobre nosotros*, un libro con preguntas para que las parejas se conozcan mejor. Una de ellas es «¿Cómo te gustaría morir?» y Gina recordó la respuesta de Pappageorge: «Haciendo algo heroico». La hizo sonreír.

Benjamín Suárez

◆

MISIÓN CUMPLIDA

Cuando eran niños, Benjamín Suárez y su primo, Félix Schmidt, querían convertirse en súper héroes. Leían todas las revistas que les regalaba un tío, que trabajaba en Marvel Comics, y se preparaban muy en serio para cumplir su objetivo. «Por supuesto que para ser un súper heroe hay que pelear, así que nos entrenábamos y ejercitábamos», recuerda Schmidt. Tomaban clases de karate de otro de sus tíos, que era cinturón negro.

El súper héroe favorito de Suárez era Batman. Schmidt prefería al Capitán América, pero ambos tenían la misma razón para elegir. «Ninguno de los dos tiene poderes extraordinarios», explica Schmidt. «Si se meten en líos, tienen que encontrar la forma de salvarse. Creo que eso era lo que más nos gustaba de ellos, además de los disfraces y las herramientas».

Cuando crecieron, Félix Schmidt se hizo policía. Benjamín Suárez optó por los bomberos. En 1993 comenzó a trabajar en Engine 221, en Williamsburg, Brooklyn. Poco después descubrió a una joven atractiva de cabello largo, que vivía en el barrio y pasaba frecuentemente frente a la compañía de bomberos. Supuso que de tanto mirarla, ella se iba a fijar en él, pero casi un año después su estrategia no había funcionado. «Yo no hablaba con nadie», recuerda Sally. «Volvía del trabajo y me iba directo a mi casa».

Así que un día la vio entrar a un restaurante chino y decidió seguirla. Andaba sin su uniforme y a Sally no le cayó bien que un extraño un tanto demasiado entusiasta se le acercara a conversar. «Yo andaba buscando a un policía, porque estaba nerviosa», dice. «Pero empezamos a conversar y nos llevamos bien. Ahí empezó todo».

Desde ese momento, Suárez no se separó de ella, incluso cuando no era eso lo que Sally quería. «Estaba más tiempo en mi casa que en la compañía de bomberos». A veces ella lo mandaba de vuelta a trabajar, pero él le respondía que no, que su deber era cuidarla. Que Sally le contestara que no lo necesitaba y que era perfectamente capaz de cuidarse sola, daba lo mismo. «Me seguía a todas partes. Yo me tiraba el pelo. Ese hombre andaba constantemente detrás de mí», cuenta riendo.

Por supuesto no fue tanta la resistencia que opuso: un año después se casaron. Era el segundo matrimonio para ambos y los dos tenían hijos de sus relaciones anteriores —Sally tenía a Jocelyn y Joey. Benjamín, a Ángela, que ahora tiene doce años—. Los Suárez se mudaron a un apartamento en el edificio donde vivían los padres de Sally, a pocos metros de la compañía. Sus suegros estaban felices de que él se hubiera integrado a la familia. Ada Delgado, la madre de Sally, recuerda que el día que lo conoció, lo invitó a pasar. «Es que soy muy tímido», fue la respuesta de él. Una vez adentro, le preguntó si la podía llamar mamá. «Yo le dije: "Claro, ¿por qué no?"», añade ella entre lágrimas. «Para mí, él era otro hijo».

El sentimiento era mutuo. Suárez no era cercano a su propia familia, de origen puertorriqueño, e incluso antes de casarse adoptó a la de Sally como si fuera suya. Cuando le preguntaban de dónde era, respondía que de Guayanilla, un pueblo en el sur de Puerto Rico donde nacieron los padres de Sally. «Mi familia lo aceptó realmente rápido», recuerda ella. «Lo adoraban. A veces me hacían a un lado y era "Benny, vamos para acá. Benny, vamos para allá". Yo me ponía un poco celosa».

Para los bomberos de Engine 221, que uno de sus integrantes viviera tan cerca era toda una salvación. Cada vez que alguien no llegaba a trabajar —porque se le había echado a perder el auto, tenido una emergencia personal o simplemente confundido de turno— ellos sabían que podían ir a tocarle el timbre a Suárez. «Él dejaba lo que fuera que estuviera haciendo y hacía el reemplazo, para que la otra persona no se metiera en problemas», recuerda Vito Oliva, un bombero jubilado que trabajó 33 años en Engine 221 y se convirtió en mentor de Suárez.

Y aunque la necesidad de reemplazos se presentaba con bastante frecuencia, él jamás les ponía mala cara. «Se podría haber molestado de que lo llamaran cada vez que había una tormenta de nieve o el auto de alguien se echaba a perder, sólo porque él vivía tan cerca», comenta el capitán Bruce Lindahl. «Pero nunca se enojó, ni una sola vez».

123

Si los bomberos querían ver algo especial por televisión —una pelea en HBO, una película en cable—, Suárez traía la caja de conexión de su casa y la instalaba en la compañía. Y cuando no estaba de turno, frecuentemente llevaba videos para que sus compañeros se entretuvieran en su tiempo libre. «Era un hombre muy generoso, muy feliz», recuerda Oliva.

Desde el comienzo, Suárez hizo todo lo posible por integrarse a sus colegas. Incluso se unió a su equipo de hockey. «Uno nunca escucha apellidos españoles en la NHL [National Hockey League]», dice Jack Acierno, uno de los bomberos. «Él mantuvo la tradición». Pese a su absoluta falta de talento —sus compañeros de equipo sospechaban que él nunca antes se había puesto patines—, Suárez se armó de valor e hizo... bueno, hizo lo que pudo.

Como vivía y trabajaba en el vecindario, era normal que Suárez fuera uno de los bomberos más conocidos del sector. Y era especialmente popular con los niños. Pancho, que a los seis años es de los aspirantes más jóvenes al Departamento de Bomberos en Nueva York, hacía visitas frecuentes a la compañía, siempre en busca de su amigo Benny. «¿Sabes cuántas veces venía ese niño? Probablemente cada vez que Benny estaba trabajando», recuerda el capitán Lindahl. «Así que era la misma cosa una y otra vez. Después de todo, ¿qué más va a hacer el niño? Jugar alrededor del camión un rato, probablemente hacer las mismas preguntas todos los días. Pero Benny siempre se tomaba el tiempo para hacer eso, absolutamente todos los días, y nunca lo ignoró».

A los 35 años, Suárez «era un niño grande», dice Sally. Para su marido, no había mejor compañía que un grupo de pequeños, así que frecuentemente sacaba a pasear a sus tres niños (Jocelyn, que ahora tiene catorce años; Joey, de trece; y Christian, de siete), a todos sus sobrinos y a los hijos del vecino. Si uno veía a un hombre caminando por Brooklyn con trece niños, probablemente era Benjamín Suárez. Como dice Sally, «¿Te imaginas andar con trece niños? Yo no podría. Pero mientras ellos lo pasaran bien, él estaba feliz».

***

En 1999, Suárez decidió irse de Engine 221. Le gustaba su trabajo y se llevaba bien con sus compañeros, pero tenía ganas de probar algo diferente y, sobre todo, quería más acción. «En Williamsburg no había muchos incendios. Eran incendios más pequeños que grandes», explica Sally. «Él quería entrar a edificios ardiendo. No sé por qué. Nunca entendí eso».

Suárez fue asignado temporalmente a Ladder 17, en el Bronx. Para un bombero en busca de acción, había pocos lugares mejores que éste. «Le encantaba. Le encantaba», recuerda Sally. Pero ahí no existía una vacante permanente y después de unos meses Suárez fue transferido a Ladder 21, que está junto a Engine 34 en midtown, cerca del terminal de buses del Port Authority.

Muchos de los bomberos de Ladder 21/Engine 34 son jóvenes, y en la compañía abundan las bromas y las guerras de agua. Casi de inmediato el «niño grande» que era Suárez se sintió como en su casa. A Chris González, uno de sus amigos en Ladder 21, lo molestaba siempre por sus piernas delgadas. «Me llamaba patas de pollo», recuerda González. «Yo le estaba hablando en frente de los otros, y él se ponía a cacarear».

Trabajar por primera vez en el centro de Manhattan representaba un desafío, ya que el tipo de construcciones a las que les tocaba ir era muy distinto a las que él se había acostumbrado en Brooklyn y en el Bronx. Además, como bombero de una compañía Ladder, ahora Suárez estaba a cargo de realizar rescates, más que de apagar incendios, otra de las novedades que lo tenía entusiasmado. «Nunca se quedaba ahí, esperando recibir órdenes», cuenta el capitán Michael Farrell. «Siempre tomaba la iniciativa». Pero aunque Suárez estaba feliz en la compañía y llevaba sólo un año ahí, nuevamente estaba pensando en cambiarse.

En el verano de 2001, los Suárez llevaron a sus hijos de vacaciones a Disneyworld. Los niños volvieron fascinados con Mickey y los juegos. Sus padres, con Florida. La hermana de Sally vive en ese estado y les pareció que era un mejor ambiente que Brooklyn para criar a los niños.

«Estábamos planeando mudarnos», dice Sally. Ya durante las vacaciones se habían puesto a buscar casa, y encontraron una que les gustó en Ocala, cien kilómetros al noroeste de Orlando. Era una casa de cuatro dormitorios, como Suárez quería, ya que entre sus planes estaba tener otro hijo, ojalá una niña —Sally no estaba tan convencida—. En agosto, en cuanto volvió de sus vacaciones, él empezó a averiguar sobre la posibilidad de transferirse a un Departamento de Bomberos en Florida. Como ya habían decidido mudarse, no dudaron en dejar que Jocelyn se quedara a vivir con la hermana de Sally. El plan era que en unos meses, la familia se reuniría.

El 11 de septiembre, Ladder 21 recibió la orden de dirigirse al World Trade Center pocos minutos después de las nueve de la mañana, cuando Suárez había terminado su turno. Pero, como tantos otros bomberos, aunque ya no le tocaba trabajar, se montó al carro y partió.

Nada podía preparar a Sally para un día como ése, pero ella se dio cuenta de que sabía más que otras esposas sobre los procedimientos del Departamento de Bomberos cuando pierde a uno, o 343, de los suyos. Su marido se había encargado de eso. «Siempre peleábamos al respecto. Yo no quería saber», recuerda Sally. Pero él le explicaba los procedimientos, las ceremonias e incluso un día la sentó sobre sus rodillas y la obligó a ver un video informativo del Departamento. Ella recuerda que varias veces le dijo: «Yo voy a morir quemado y necesito prepararte porque no quiero que te desesperes. Tienes que estar preparada y tienes que saber qué esperar. Todo lo que te pido es que continúes con tu vida y que cuides a mis hijos». Félix Schmidt cree que su primo cumplió su objetivo. «Ella tiene la fuerza de diez hombres y ha soportado todo esto con una entereza enorme».

Sally todavía piensa mudarse a Florida, para reunir a la familia y darle una vida mejor a los niños, como quería su marido. Dice que le va a tomar más tiempo —quizá un año o dos— pero allá va a ir. Mientras tanto, sigue en Brooklyn, y continúa con una de las tradiciones favoritas de Suárez. Él siempre se aseguraba de tener el segundo domingo de junio libre, para participar en el desfile del Día de Puerto Rico. Este año, como parte de la comitiva del Departamento de Bomberos, Sally marchó por él.

Héctor Tirado Jr.

◆

NUEVAMENTE, UNA FAMILIA

A los 30 años, Héctor Tirado era bombero, paramédico, *maître* en el National Arts Club, veterano de la invasión a Panamá, padre biológico de cinco hijos y adoptivo de cuatro hermanos. La suya fue una vida corta y difícil. Pero también fue una vida que en los últimos años finalmente parecía haber encontrado su rumbo.

A comienzos de 2001, Tirado compró un apartamento de un ambiente en el Bronx. «Estaba entusiasmadísimo», recuerda su tía, Angie Tirado. «Era minúsculo, pero era un comienzo». Un año antes se había integrado al Departamento de Bomberos, con lo que obtuvo un trabajo que le encantaba, que le abrió nuevas oportunidades —posó como modelo del calendario de la Sociedad Hispana del FDNY— y con el que esperaba cumplir algunas de sus ambiciones políticas.

Miguel Ramos, presidente de la Sociedad Hispana, recuerda perfectamente la primera vez que Tirado llegó a una reunión del organismo. «Me dijo: "Yo quiero su trabajo. Yo voy a ser presidente de la Sociedad". Le respondí que genial, que tenía que venir a unas cuantas reuniones más, pues ya era hora de que alguien me reemplazara», recuerda sonriendo. «Fue la primera vez que alguien se me acercó y me dijo que quería mi trabajo». Tirado siempre tuvo ambiciones de ser candidato. Como dice Ramos, había puesto su mira en la presidencia de la Sociedad Hispana del Departamento de Bomberos, pero de ahí quería ascender al sindicato del FDNY. Pensaba que si llegaba a dirigir este organismo, se le abrirían oportunidades políticas en la ciudad. «Quería ser alcalde de Nueva York», dice su tío Robert Tirado.

Con estos logros y objetivos en mente se sentía feliz. «Por fin tenía control de su vida», dice Robert. Después de una infancia y juventud difíciles, verlo contento era una novedad muy agradable para su familia. «Mi sobrino fue un niño muy triste», recuerda Angie.

Sus padres, Héctor Tirado Sr. y Minerva Conde, se casaron luego de que ella quedó esperando al «pequeño Héctor», como lo llamaría toda su familia. Pocos meses antes, su padre había regresado de la guerra de Vietnam, donde se desempeñó como bombero del ejército y se hizo adicto a la heroína. Minerva también empezó a consumir drogas, por lo que tanto ella como su marido descuidaron a Héctor y a sus hermanos. Los abuelos querían pedir custodia de los niños, pero Minerva se opuso tajantemente: ella era la mamá y ella se iba a quedar con sus hijos. Así fue, con el resultado de que varias veces sus tíos encontraron al pequeño Héctor en casa solo y con hambre, y de que a él le tocó asumir el rol paterno de sus hermanos Ángel, Sean, Marina y Joseph.

Ambos padres fallecieron en 1992, con pocos meses de diferencia. «Fue un suplicio para él», recuerda David, otro de sus siete tíos. Además del golpe emocional, su muerte ponía en riesgo la unidad de la familia. Sus hermanos eran menores de edad, por lo que iban a ser separados y entregados en adopción, a menos que un adulto se hiciera cargo de ellos. Héctor los adoptó legalmente. Ya tres años antes —cuando la salud de Marina y Héctor Sr. empezó a deteriorarse—, Tirado los había llevado al apartamento que compartía con su esposa, en el Bronx.

Igual que su padre, Tirado dejó embarazada a su novia de la adolescencia. Igual que él, «como un buen Tirado, un hombre responsable, hizo lo correcto», dice David. Él y Sheneque Jackson se casaron a los 17 años. Tirado cumplió así uno de sus grandes anhelos: volver a tener una familia. «Extrañaba tener el amor de su padre y de su madre. Eso le hacía tanta falta que necesitaba tener a alguien que lo quisiera», cuenta Angie.

Tirado y su esposa tuvieron cinco hijos: Héctor III, de 13 años; Roland, 12; Ashley, 10; Denzel, 8 y Davon, 7. Sumados a los hermanos, eso significó que a los 23 años, la pareja estaba a cargo de nueve menores. Su tío Henry Tirado se mudó con ellos durante varios años para ayudar a Héctor y a su esposa a cuidar a los niños. «Él no tenía padre, así que yo era su padre», dice Henry.

Incluso con su colaboración, la tarea fue abrumadora para esta pareja. «Nunca teníamos tiempo para estar solos. Lo único que hacíamos era cuidar niños», recuerda

Sheneque. En nada ayudó que Tirado estuviera siempre ocupado —tenía dos o tres trabajos, indispensables para mantener a su familia— y que frecuentemente discutiera con sus hermanos, varios de los cuales no aceptaban su autoridad ni lo veían como una figura paterna. Los Tirado se separaron un par de años atrás y Sheneque se mudó a Columbus, Ohio, con sus cinco hijos. El divorcio fue aprobado el 10 de septiembre de 2001.

* * *

A pesar de la distancia, Tirado siguió en estrecho contacto con sus hijos. «Las cuentas telefónicas eran astronómicas», recuerda Angie. Él siempre había dedicado gran cantidad de tiempo a los niños, sin importar cuánto trabajara. Su prima, Celena González, recuerda que en ocasiones él volvía a casa, después de trabajar 24 horas seguidas y «llevaba a sus cinco hijos al cine, en medio de la tarde, sin haber dormido nada. Dormía durante la película, para así poder sacarlos a pasear».

Tirado estaba decidido a ser lo que Héctor Sr. no había sido: un excelente padre y un hombre saludable. Hacía ejercicio con frecuencia, vigilaba su dieta y le había dicho a Robert: «No quiero ni pensar en usar drogas, ni en beber». Ni siquiera le gustaba tomarse una copa de vino. Su tío recuerda cuando en una reunión alguien hizo un brindis en su honor y Héctor no sabía que hacer. Él le dijo que sólo bebiera un sorbo y cuando la gente no estaba mirando, vació el resto en la copa de Robert.

Pero en otros aspectos, Tirado hizo todo lo posible por seguir los pasos de su padre. Héctor Sr. estuvo en Vietnam y Tirado, después de casarse, se enroló para participar en la invasión a Panamá, a fines de 1989. Su padre había sido bombero del ejército y Sheneque cuenta que desde muy joven, Tirado soñaba con integrarse al FDNY.

Cumplir ese objetivo le llevó casi una década. Tras volver de Panamá, empezó a trabajar lavando platos en el National Arts Club, que promueve actividades culturales en Manhattan. Durante diez años desempeñó distintos puestos —ayudó a poner mesas y trasladar obras de arte, fue barman, camarero y *maître*— y se ganó el afecto de sus compañeros y jefes. «Era una de las personas más esforzadas que he conocido», dice Aldon James, presidente del club, quien agrega que, además de su puesto allí, Tirado siempre tuvo otros empleos, por lo que no era raro que trabajara más de 16 horas al día.

En el club, Tirado también se hizo conocido por su trato personal. Cuando Aldon James recibió la noticia de que su padre estaba muy enfermo, Tirado se ofreció a llevarlo en su auto para que lo fuera a visitar. Como recuerda James: «Héctor sabía cómo ayudar, pero manteniendo la dignidad del paciente. Cuando caminaba con mi padre, no lo sujetaba, sino que lo acompañaba y le decía: "Doctor, si me necesita, aquí estoy". Ese tipo de cosas son muy instintivas. No se pueden enseñar».

Que Tirado era un empleado distinto a la mayoría también era evidente en su relación con algunos de los panelistas y directores del club. «Héctor era uno de mis críticos más feroces y, al mismo tiempo, uno de mis amigos más leales», cuenta Michael Meyers, columnista del *New York Post* y presidente de la Coalición de Derechos Civiles de Nueva York. Él es miembro del directorio del National Arts Club y en una ocasión Tirado se le acercó, se presentó y ambos empezaron a conversar —luego, con frecuencia, a debatir— sobre temas de actualidad. «Sus opiniones siempre eran inteligentes, bien informadas y serias», recuerda. El último desacuerdo lo tuvieron en abril, con respecto a la decisión del Departamento de Bomberos de aceptar a uno de los policías juzgados y absueltos por la tortura de Abner Louima, un inmigrante haitiano, en una comisaría. Meyers había escrito que una persona que ha sido absuelta en un juicio debe poder tener acceso a un cargo público. Tirado se oponía terminantemente a que el ex policía se integrara al FDNY. «En el Departamento de Bomberos dependemos de que nuestros colegas y amigos actúen bien y en forma juiciosa», recuerda que le dijo Tirado. Según Meyers, este argumento lo hizo reconsiderar su postura.

A Tirado le encantaban las discusiones intelectuales y siempre estaba tratando de aprender. Cuando Celena se casó con un italiano, él se puso a estudiar ese idioma con su prima. A su tío Robert le pedía libros sobre Puerto Rico para saber más sobre la tierra de sus padres y con Angie conversaba frecuentemente sobre lo último que habían leído. Uno de los libros que más le impactó fue *PT 109. John F. Kennedy en la Segunda Guerra Mundial,* de Robert Donovan, que narra las experiencias de Kennedy como capitán de un bote que destruyeron los japoneses y sus acciones para proteger a los soldados bajo su mando. «Le brillaban los ojos cuando hablaba de ese libro», cuenta Angie. Según Tirado, lo había ayudado a conocer mejor al ex presidente y reforzado su orgullo de ser estadounidense.

Tras graduarse de la academia de bomberos, Tirado fue asignado a Engine 23, en el centro de Manhattan. Sus familiares recuerdan que en uno de sus primeros días en el trabajo, sus compañeros dejaron que el *probie* sostuviera la manguera. Estaba tan feliz que durante días le contó a todos sobre su experiencia apagando un incendio.

«Le encantaba ser bombero y estaba feliz acá en 23», dice el capitán John Bendick. Otro de sus superiores, el teniente James Di Costanza, cuenta que se la pasaba haciendo tantas preguntas sobre el trabajo de bombero, que «algunas veces llegaba al punto que yo no tenía suficientes respuestas para Héctor».

El 11 de septiembre, Tirado y cinco de sus compañeros —entre ellos, James Pappageorge— estaban en la torre sur, cerca del piso 20, cuando ésta colapsó. Durante ocho meses y medio, cientos de trabajadores excavaron la llamada «zona cero», en busca de los cuerpos de las víctimas. Uno de ellos era Henry Tirado. En cuanto se enteró de lo ocurrido, el tío del bombero pidió que el departamento de carreteras lo transfiriera a esa área. «Cuando sus padres murieron yo lo acompañé. Todavía lo estoy acompañando», dijo en abril.

Desde el 12 de septiembre al 29 de mayo, Henry Tirado trabajó de siete de la tarde a siete de la mañana, sin descansar ni un solo día, en busca de su sobrino y de las más de 2.800 personas que fallecieron ahí. «Lo estoy buscando y tengo a todos mis amigos en lo mismo», agregó. No pudo encontrarlo. Cuando terminó la labor de búsqueda, los cuerpos de sólo tres de los seis bomberos de Engine 23 habían sido identificados.

En una familia donde abundan las muertes prematuras —en los últimos seis años, fallecieron tres tíos y dos primos de Héctor—, los Tirado parecen haber desarrollado la convicción de que esto forma parte de su destino. «Hay que ser fuerte para ser un Tirado», dice Angie. Su hija, Celena, bromea diciendo que ellos son como los Kennedy, pero sin dinero.

Si sus familiares encuentran algún consuelo, es en el hecho de que Héctor murió haciendo un trabajo que le encantaba y donde por fin encontró lo que había buscado durante toda su vida. «El Departamento de Bomberos es como una familia y todos son como hermanos. Cuando Héctor era niño su familia se destruyó. Cuando creció quería cambiar eso a toda costa. Estoy segura de que para él era muy reconfortante estar en un lugar donde se quedaban a dormir, donde todos cocinaban juntos y actuaban como niños grandes jugando en una estación de bomberos», dice Celena. «Una vez más, tenía una familia».

Peter Vega

◆

FELICIDAD ABSOLUTA

«A los 35 años quiero estar casado con una mujer que ame, tener mi propia casa, un trabajo que me guste, un título universitario y haber comenzado una familia».

Cuando tenía poco más de 20 años, Peter Vega hizo una lista de todo lo que quería lograr en la próxima década y media. No estaba cerca de cumplir siquiera uno de sus objetivos, pero desde niño se había acostumbrado a conseguir lo que pocos creían posible. «No era algo que hubiera desarrollado. Era parte de su carácter», dice su tío Michael Murphy.

Pedro Antonio Vega Murphy —a quien todos llamaban Peter— llegó a Nueva York a los cuatro años, luego de que sus padres se separaron. Maureen Murphy, su madre, se mudó a Puerto Rico en 1964, con una prima. Antes habían visitado la isla un par de veces, les había gustado y decidieron ir a la aventura. En una semana ambas encontraron trabajo y poco después, mientras caminaba por la playa, un hombre «alto, moreno y guapo» se le acercó a Maureen. Ella y Pedro Vega se casaron unos meses más tarde y, casi de inmediato, Maureen quedó embarazada. Peter nació la mañana del martes 15 de junio de 1965. El matrimonio no tardó en tener problemas y, tras la separación, Maureen decidió volver con su hijo a Brooklyn.

En su segundo año de colegio, una profesora se dio cuenta de que algo andaba mal con el niño. Era obviamente inteligente y tenía excelente memoria —le gustaba que su madre le leyera ciertos libros una y otra vez, y la corregía si ella cambiaba una sola palabra— pero no podía leer. Tras gran cantidad de exámenes, se diagnosticó que tenía dislexia, un desorden muy poco conocido en la época. Gracias a sesiones semanales de terapia, Vega hizo enormes progresos, pero las clases siguieron siendo un gran desafío para él. «En el fondo, nunca pensamos que íbamos a ir a la universidad o que íbamos a lograr algo», cuenta Paul Lagrutta, el mejor amigo de Vega. Ambos se conocieron a los diez años, en clases de catequismo, y descubrieron que tenían mucho en común: sus padres eran divorciados y —lo más importante— los dos tenían dislexia. No eran buenos alumnos, grandes deportistas ni populares en el colegio, así que Vega y Lagrutta encontraron el uno en el otro alguien con quien divertirse y compartir sus dificultades. Juntos fueron a ver *La guerra de las galaxias*, aprendieron todo lo relacionado con la película, y escribieron *Dos mentes en un charco*, la historia de dos niños que lograban superar su dislexia: uno se convertía en arquitecto y el otro, en arqueólogo. Lagrutta todavía tiene la historia, que escribieron a mano, con mala ortografía y alternándose párrafos.

Como hacían todo juntos, a los 15 o 16 años Vega decidió que ambos se iban a poner a dieta. En realidad era él quien tenía un serio problema de sobrepeso, se había aburrido de las burlas de sus compañeros y quería poder encontrar una novia, pero aunque Lagrutta trató de protestar, también se vio sometido a un riguroso programa de ejercicio y dieta. «Nunca pensé que él lo iba a lograr», cuenta Lagrutta. A pesar de que a Vega todavía le costaba leer, empezó a buscar libros sobre salud y nutrición, y se convirtió en un experto en el tema. Después de un año de comer gran cantidad de verduras y frutas, y de andar en bicicleta durante horas —varias veces recorrieron los cerca de once kilómetros entre Park Slope y Coney Island, ida y vuelta— Vega había sufrido «una metamorfosis», añade Lagrutta. Vega, a quien todos en el colegio llamaban «el gordo Peter», estaba delgado y en excelente estado físico.

Tras graduarse del colegio, y para mantenerse en forma, Vega decidió que ambos se inscribieran en un club de ráquetbol. Después de un tiempo se dieron cuenta de que el lugar parecía la fachada de otro negocio, y no tuvieron que esperar mucho antes de que el dueño los invitara a trabajar para él traficando cocaína. «Honestamente, en esa época era muy difícil para nosotros conocer mujeres», recuerda Lagrutta. «La cocaína había aparecido en escena y era muy social. Si uno tenía cocaína, siempre había gente alrededor de uno. Uno era popular de inmediato». Tras conversarlo, decidieron aceptar la oferta. Vega quedó a cargo de vender la droga. Lagrutta se encargaría de las relaciones con su nuevo jefe.

Por supuesto, ambos empezaron a consumir coca y Maureen se dio cuenta de que algo andaba mal. «Descubrí que estaba vendiendo drogas desde la casa y le dije: "Tienes que elegir: o dejas todo esto o te vas". Y se fue», recuerda. «Me rompió el corazón. Fue la cosa más difícil que he tenido que hacer en mi vida». Vega se mudó con Lagrutta hasta que los dueños de la licorería en la que trabajaba —y donde también vendía drogas— lo descubrieron, despidieron y amenazaron con llamar a la policía. Aterrado, Vega se fue a vivir a Long Island, con sus abuelos. Seguía consumiendo pero, sin conocer a nadie, no podía vender drogas y su deuda era cada vez mayor. «Su vida se estaba desmoronando», dice Lagrutta. «Se dio cuenta de que el único que podía cambiar las cosas era él». Igual que unos años antes había decidido, de un día para otro, que ya no quería ser gordo, Vega decidió cambiar su vida. Para sorpresa de todos los que lo conocían, anunció que se iba a integrar a la fuerza aérea.

* * *

A diferencia de muchos niños, Vega y Lagrutta no crecieron hablando de qué querían hacer cuando fueran grandes. «Estar en el colegio era tan difícil que no hacíamos planes para nuestro futuro», dice Lagrutta. Las excepciones fueron el cuento que escribieron y un objetivo que Vega siempre expresó: viajar por el mundo.

La fuerza aérea le dio la oportunidad de lograrlo. Hizo su entrenamiento básico en Texas y luego vivió en California, Colorado y Nevada. Además se ofreció para una misión en Corea, donde vivió durante un año y medio y disfrutó especialmente aprendiendo sobre las costumbres locales. Vega siempre había sentido curiosidad e interés por conocer a personas de otros países y culturas. «Probablemente más que cualquier otra persona que he conocido, él no tenía ninguna clase de prejuicios», dice Michael Murphy. «Quizá la experiencia de saber que tenía cada pie en una cultura diferente hizo que evitara adoptar opiniones simplistas sobre la gente».

Si bien en Nueva York olvidó el español que aprendió en sus primeros años y vivió junto al lado materno de su familia —de origen irlandés—, Vega siempre sintió curiosidad por esa otra cultura donde estaban parte de sus orígenes. Cuando estaba en la fuerza aérea, viajó a Puerto Rico y se hizo muy cercano a su abuelo, Pedro Vega Cintrón. Él es dueño de un condominio en San Juan y le ofreció a Peter que lo administrara. Después de considerar seriamente la propuesta, Vega decidió que tras retirarse de la fuerza aérea, iba a volver a Nueva York. Pero no descartaba la posibilidad de vivir algún día en la isla. «Me decía que cuando se jubilara se iba a venir a vivir a Puerto Rico», cuenta Vega Cintrón. Después de años de preguntarse por esa parte suya que parecía tan lejana y desconocida —nunca tuvo mucho contacto con su padre y, decepcionado de él y de sus ausencias, decidió no invitarlo a su boda—, Vega encontró en su abuelo un vínculo con ese lado de su familia y de sus raíces. Como muchos bomberos, él participaba en el desfile anual que celebraba sus raíces: Vega desfilaba tanto en el Día de San Patricio como en el de Puerto Rico.

En sus seis años en la fuerza aérea, logró todos los objetivos que se había fijado al enrolarse: se alejó de las drogas, recuperó el orden y la disciplina en su vida, viajó por buena parte del mundo y se dio cuenta de qué quería hacer a continuación: convertirse en bombero. Mientras estaba asignado en la base aérea de Bentwaters, en Inglaterra, Vega viajó a Nueva York a dar el examen escrito del FDNY.

De vuelta en Brooklyn, y mientras esperaba que lo aceptaran en el Departamento, consiguió trabajo como herrero en obras de construcción. En 1993, cuando una bomba estalló en el subterráneo del World Trade Center, él fue uno de los obreros asignados para reparar el área. Entonces le comentó a su madre —quien había trabajado durante dos años en el piso 102 de la torre norte— que el daño causado por varias toneladas de explosivo era impresionante y que si la torre no hubiera estado tan bien construida «habría colapsado».

* * *

En 1993, Vega y Lagrutta fueron a un bar en Brooklyn, donde conocieron a dos hermanas, Regan y Maude Grice. Resultó que los cuatro habían crecido en el mismo barrio y tenían muchos conocidos en común. Vega pasó buena parte de la noche hablando con Maude, y Lagrutta, con Regan. Al final de la velada intercambiaron números de teléfono. Las hermanas no sabían que Lagrutta estaba casado y para entonces él había decidido evitar problemas, así que le dio el teléfono de Vega a Regan. Ella lo llamó unos días después y conversaron durante horas. Era obvio que se llevaban bien y que tenían mucho en común, así que arreglaron una segunda cita. Fue entonces que Vega le preguntó a Regan: «Sabes quién soy, ¿cierto?». Ella le respondió que por supuesto. «Eres el bajo, con lentes». Vega le respondió que no, que él era el alto, sin anteojos.

«Fue como una comedia de Shakespeare», se ríe Lagrutta. Para aclarar el enredo, Vega y Regan acordaron en juntarse de nuevo, los cuatro. Lagrutta se negó reiteradamente, ya que no quería meterse en líos, pero Vega le dijo que de veras le gustaba esa mujer, y que tenía que ayudarlo. Lagrutta fue. Al día siguiente, cuando Vega visitó a su madre, ella le preguntó cómo había estado la cita. «Mamá, sé que vas a pensar que estoy loco», le respondió. «Pero me voy a casar con ella».

«Él lo supo enseguida. Yo lo supe enseguida», dice Regan Grice-Vega. Desde la segunda vez que se vieron, Regan y Peter fueron inseparables. Se casaron el 1 de junio de 1996, un par de semanas antes de que Vega cumpliera 31 años. Luego empezaron una larga y frustrante búsqueda de una casa. Todo era demasiado caro para ellos —Vega ya trabajaba como bombero y Regan era profesora— hasta que vieron un aviso de una casa en Kensington, Brooklyn, por debajo del precio del mercado. La casa, de tres pisos y construida cerca de 1910, mantenía detalles originales de la época. El dueño había sido bombero y, tras su muerte, su hija estaba ansiosa por vender. Ese mismo día aceptó la oferta de los Vega. Peter usó sus conocimientos de construcción y cambió tuberías, pintó paredes y reemplazó el piso.

Un año antes de casarse, Vega se incorporó al Departamento de Bomberos. Tras presentar el examen escrito y la prueba de resistencia física, quedó en el octavo lugar, en una lista de más de 30.000 postulantes. Fue asignado a Ladder 118, apodada «Fuego bajo el puente». A pocas cuadras del puente de Brooklyn, la compañía tiene una de las vías de acceso más rápidas a downtown Manhattan.

A Vega le gustaba su trabajo, y se enorgullecía de hacerlo bien, pero no tenía nada de paciencia con la disciplina del Departamento de Bomberos. Por supuesto, lo mismo le había pasado en la fuerza aérea. Lagrutta lo visitó en California en una ocasión y ambos fueron a jugar golf. Cuando un oficial de más alto rango le recordó que era política no escrita cederle el paso a los superiores en la cancha de golf, Vega le respondió que cuando estuviera escrita, le avisara. Mientras tanto, él iba a seguir jugando. «No tenía ningún respeto por la autoridad», recuerda Lagrutta.

Los bomberos de la clase de Vega fueron los primeros en ser rotados tras graduarse de la academia. En una de las compañías a las que fue asignado, tuvo frecuentes desacuerdos con un teniente, que en opinión de Vega se preocupaba demasiado de formalidades que en nada afectaban la calidad del trabajo: que el carro estuviera reluciente, que los bomberos usaran el uniforme todo el tiempo. En una ocasión, harto de sus continuos retos, le sugirió que arreglaran las cosas de una vez por todas: en la parte de atrás de la compañía y a puños. Quizá porque Vega medía un metro noventa, el teniente lo dejó tranquilo desde ese día.

De vuelta en Ladder 118, sus compañeros rápidamente encontraron razones para molestarlo —una de las actividades favoritas en todo grupo de bomberos—. «Cabeza grande» era su apodo en la compañía, por razones obvias, y cuando Vega empezó a usar frenillos, «lo molestábamos con que usaba los cables del puente de Brooklyn para sujetar sus dientes», recuerda Eddie Greene. Su cabeza siempre fue objeto de bromas entre su familia y sus amigos, igual que su obsesión con su cabello. «Le fascinaba su pelo. Cuando se integró a la fuerza aérea, le afeitaron la cabeza y estuvo muy molesto durante mucho tiempo», cuenta su hermano, David Sean Rosenberg, hijo del segundo matrimonio de Maureen. «Me contaba que se echaba tónico en el pelo para que le creciera rápido».

En la compañía también recuerdan que Vega estaba siempre leyendo y que cada vez que empezaba algo nuevo, estudiaba todo lo que podía al respecto. Así lo hizo cuando estaba renovando su casa, cuando Regan quedó embarazada —leyó cuanto libro encontró sobre paternidad— y, por supuesto, con su trabajo. «Era una persona muy divertida, pero a la hora de trabajar, tomaba las cosas en serio y quería aprender tanto como fuera posible», dice John Sorrentino. En los últimos meses, estaba usando toda esa dedicación para prepararse para el examen para ascender a teniente.

Después de convertirse en bombero, su siguiente objetivo fue obtener su título universitario. Tras terminar el colegio, Vega se había inscrito en la Universidad de Adelphi, pero Maureen y su segundo marido, Ira Rosenberg, sólo alcanzaban a pagar su matrícula, no su alojamiento en el campus. La dificultad de tener que viajar todos los días entre Brooklyn y Long Island, sumada a su dislexia, hicieron que Vega se retirara a los pocos meses. En la fuerza aérea tomó algunos cursos y a su regreso se matriculó en Kingsborough Community College. Terminó transfiriéndose al Centro de Educación de Trabajadores de la Universidad de la Ciudad de Nueva York (CUNY). Ahí tomó varios cursos de estudios latinoamericanos, leyó a Gabriel García Márquez y escribió un ensayo sobre los bombardeos a Vieques, la isla puertorriqueña donde la armada de Estados Unidos realiza parte de su entrenamiento. Vega escribía sus ensayos a mano y Regan los transcribía en el computador. En mayo de 2000, un mes antes de cumplir 35 años, Vega se graduó de la universidad.

Su hija, Ruby Mae, nació el 8 de agosto de ese año. Durante el embarazo, Vega estaba feliz y asustado, según recuerda su mejor amigo. «No quería cometer los mismos errores de su padre», dice Lagrutta. «Se prometió que iba a estar cerca de su hija». Vega acomodó su horario para pasar la mayor cantidad de tiempo con Ruby y, quienes mejor lo conocían, dicen que él se transformó tras convertirse en padre. «Hubo un cambio muy visible en él cuando nació Ruby», dice Michael Murphy. «Él siempre fue alguien que vivió con urgencia, casi con impaciencia de lograr todo lo que quería de inmediato. Y cuando vio a Ruby pareció que finalmente había encontrado la paz. Fue casi como que le hubieran revelado el secreto de la vida. Y el breve tiempo que tuvo con ella, formó una relación padre-hija muy especial».

La mañana del 11 de septiembre, Vega llamó a su esposa. Le contó que dos aviones habían chocado con las torres del World Trade Center, le dijo que la quería y que tenía que irse porque el carro estaba a punto de partir. Regan alcanzó a decirle que lo amaba y que por favor se cuidara. «Tú me conoces: no soy un héroe. Voy a estar bien y te voy a llamar», fue su respuesta. Cada vez que salía de un incendio grande, Vega la llamaba pues sabía que probablemente estaba preocupada viendo las noticias en televisión. Cuando las torres colapsaron y el teléfono no sonó, Regan supo. «Él me habría llamado, siempre lo hacía».

Ladder 118 fue una de las compañías asignadas a evacuar el hotel Marriott. Había gente atrapada en los ascensores y Robert Graff, mecánico de elevadores del hotel, recuerda que bomberos «altos, con el número 118 en sus cascos» los ayudaron a salir. Graff no olvidó las caras, pero fue sólo meses después —tras ver artículos en el diario y visitar la compañía de bomberos— que aprendió sus nombres. Cuando no sabían dónde estaba uno de los ascensores, Graff subió a ver qué pasaba. «Peter Vega vino conmigo. Era un tipo grande y me sentí muy seguro con él». La puerta estaba dañada y el ascensor se había atascado entre dos pisos —con varias personas dentro— pero Graff y Vega lograron repararlo y mandarlo al lobby. Luego, los seis bomberos de Ladder 118 se juntaron en el primer piso. Siguieron evacuando a la gente, advirtiéndoles que no fueran hacia West Street porque la mayoría de los escombros estaban cayendo ahí. «Dejaron que todas las personas salieran primero, antes que ellos. Pero no hubo suficiente tiempo», agrega Graff. «Yo podía ver a Peter, Joey [Agnello] y el teniente [Robert] Regan al frente mío. Y eso fue todo. El techo colapsó sobre ellos. Ése fue el fin». Los seis bomberos de 118 murieron en el lobby. Graff fue uno de los pocos sobrevivientes. «Hicieron mucho más de lo que era su deber», dice. «Ellos me mostraron qué significa ser bombero».

Peter Vega falleció a los 36 años. Estaba casado con la mujer que amaba, era dueño de una hermosa casa en Brooklyn, le fascinaba su trabajo como bombero, se había graduado de la universidad y tenía a su hija, Ruby. Había cumplido cada uno de los objetivos que se fijó una década y media antes.

La última semana de agosto, los Vega se fueron de vacaciones a Montauk, en Long Island, donde los padres de Regan tienen una casa. Todos los días, Peter daba una larga caminata en la playa con su hija. En una ocasión, Regan decidió ir a ver dónde estaban y encontró a su marido, sentado en la arena hablándole a Ruby. Vega se dio vuelta hacia ella y le dijo: «Hasta este momento, no sabía lo que era la felicidad absoluta».

Sergio Villanueva

◆

El 1 de febrero del año 2000, la Academia de Bombe-ros de Nueva York empezó un nuevo curso de entrena-miento. Más de 300 aspirantes llegaron a Randall's Island, a su primer día de clases. Entre el mar de cabezas rapadas o con el pelo cortísimo, al estilo militar, una se destacaba desde lejos.

El instructor llamó al escenario al novato de cabello oscuro y tupido: «¿Notas alguna diferencia entre tú y el resto, Elvis?». Sergio Villanueva asintió e hizo las veinte flexiones que le impusieron como castigo. Esa tarde fue a la peluquería, pero su cabello no quedó suficientemente corto para gusto del instructor. Al día siguiente, la escena —flexiones y apodo incluidos— se repitió.

En sólo 24 horas, Sergio Villanueva se hizo conocido en la Academia de Bomberos y «Elvis» quedó como su sobrenombre durante los tres meses de entrenamiento.

Villanueva, de 33 años, no pasaba inadvertido. Si uno le pregunta a veinte personas que lo conocieron —familiares, amigos, colegas—, las descripciones se repiten una y otra vez: «La gente gravitaba hacia él», «Era siempre el centro de atención», «Entraba a un lugar y lo iluminaba con su presencia». Tony López, uno de sus amigos, dice que «tenía el tipo de personalidad que atrae a la gente: muy divertido, con mucha vida, muy apasionado». José Lujambio agrega que «realmente amaba la vida. La disfrutaba al máximo».

Entre los grandes amores de Sergio Villanueva estaba su país natal, Argentina. «Él usaba su camiseta de Boca Juniors y de la selección argentina, comía parrilladas y chorizo y tomaba vino tinto y mate todos los días, a pesar de que no se crió allá», recuerda Delia, su madre. Ella y su marido emigraron de Bahía Blanca a Queens en 1970, cuando Sergio tenía apenas un año y medio. Sus hermanos, Steven y Maricel, nacieron en Estados Unidos, pero los Villanueva siempre se preocuparon de que sus hijos adquirieran el idioma y la cultura de su país. Por eso, cada sábado los mandaban —a pesar de sus continuas y ruidosas protestas— a una escuela avalada por el Consejo de Educación de Argentina, donde tomaban clases de historia y geografía.

En pocas cosas se notaba tanto su pasión por Argentina como en el fútbol. En el departamento que compartía con su novia había dos televisores por una sola razón: «Para que pudiera mirar sus partidos. Si Argentina estaba jugando, yo no tenía ninguna posibilidad con el control remoto», dice Tanya. No era extraño que después de un partido importante quedara ronco por varios días.

Villanueva también era miembro de College Point Flames, el equipo de fútbol del cuerpo de bomberos. Los Flames jugaron su primer partido de la temporada el domingo 9 de septiembre. Pocos minutos antes del término del encuentro, Villanueva marcó el único gol.

Sergio Villanueva no hacía las cosas a medias. Quizá no siempre bien, pero nunca a medias. Además de jugar fútbol y de competir en billar —«podía hacer que la bola bailara», recuerda un amigo—, en los últimos años se había vuelto un fanático golfista. Iba a jugar con su amigo John Galvez tan frecuentemente que Tanya protestaba y, de vez en cuando, jugaba con otros bomberos de su compañía —un grupo de ellos, Sergio incluido, tenían planeado jugar el miércoles 12 de septiembre—. Pero para su frustración, el talento que tenía para los otros deportes le faltaba en el golf.

«De repente vimos un palo de golf volando», recuerda Galvez sobre un partido. «Parece que no le había pegado a la pelota suficientemente fuerte y estaba enojado, así que tiró el palo de golf. Fue muy divertido. No alcanzábamos a escuchar lo que estaba diciendo, pero lo veíamos saltar de un lado a otro totalmente frustrado. Parecía un dibujo animado».

***

A comienzos de 1991, Villanueva presentó los exámenes para entrar a la academia de Policía y de Bomberos. Fue aceptado en la primera. Quedó en lista de espera en el Departamento de Bomberos de Nueva York, donde la demora promedio en admisiones es de cerca de cinco años.

Desde el comienzo le fascinó el trabajo de policía. «Le encantaba todo: desde el desafío mental de tener que estar un paso adelante del criminal, hasta el desafío físico», recuerda el teniente Richard Green, quien fue su compañero en la comisaría del distrito 46 del Bronx.

Villanueva fue ascendido a detective en el área de narcóticos, donde su misión era hacerse pasar por comprador y arrestar a los narcotraficantes. Era un trabajo que disfrutaba y hacía bien. Que además fuera un trabajo muy peligroso nunca pareció preocuparle. «Siempre era el primero en ponerse en riesgo», cuenta Green.

En 1999 recibió la noticia de que el Departamento de Bomberos finalmente lo había aceptado. Después de siete años y medio como policía, abandonó el trabajo que tanto le gustaba para integrarse a la Academia de Bomberos. La decisión no sorprendió a Green: «Creo que su corazón estaba en ser policía, pero su verdadero amor era Tanya y su vida juntos».

A Tanya Bejasa la conoció en 1987, en una discoteca en Nueva York. Ambos tenían 19 años. En 1994 se volvieron a encontrar en Miami, donde ella se había mudado hacía poco y él estaba de visita. Empezaron una relación a la distancia y durante un año se vieron sólo un par de veces. «Fue muy casual al comienzo pero, en mi corazón, yo sabía que quería volver a Nueva York para estar con él. Lo supe desde nuestro primer beso», dice Tanya.

Así que después de un año, junto a dos amigas que también se mudaban, arrendó una camioneta de casi seis metros de largo y manejó de Florida a Nueva York, con todas sus cosas y sin un trabajo que la esperara. Sergio «pensó que yo estaba loca», reconoce. De hecho le dijo a todos sus amigos que «ojalá no se crea que ahora voy a tener que pasar tiempo con ella». Tanya llegó a Nueva York en mayo. En diciembre ya estaban viviendo juntos.

El resto vino más lentamente. Después de años de trabajar como camarera, Tanya decidió abrir una tienda de regalos. A comienzos de 1999 arrendaron un antiguo local en Queens. Juntos lo pintaron, instalaron la alfombra y contrataron a un electricista para que conectara la luz. El primer día de primavera abrieron la tienda, que llamaron «Paz Interior».

En 2001, después de mucho buscar, compraron un apartamento en Jackson Heights, Queens. El edificio fue construido en 1922 y tiene gran cantidad de detalles originales de la época y hermosos jardines privados. La fiesta de inauguración fue a mediados de junio.

Tanya sabía que la propuesta de matrimonio estaba cerca. El 30 de junio salieron a celebrar el séptimo aniversario de su primer beso. Ella supuso que ése era el gran día, hasta que Sergio llegó tarde —estaba jugando fútbol—, muy calmado y, por lo que Tanya pudo ver, sin ninguna caja donde llevara un anillo. Cenaron en Angelo & Maxie's, en Park Avenue. Sergio le dijo que la amaba y que le tenía un regalo: el anillo de compromiso que había escondido en su bolsillo.

Ya tenían la tienda y el apartamento, así que sólo quedaba por decidir la fecha de matrimonio —1 de agosto de 2002—, la luna de miel —un crucero por el Mediterráneo— y el apellido. Ella quería que su nombre de casada fuera Tanya Bejasa Villanueva, pero él se negó terminantemente: «Yo quiero que seas Tanya Villanueva».

* * *

A fines de los años 90, la Policía de Nueva York atravesaba una crisis de imagen. La tortura de Abner Louima, un inmigrante haitiano, en una comisaría de Brooklyn y la muerte de Ahmed Diallo, un vendedor de Guinea que estaba desarmado y contra quien la policía disparó 41 veces, habían provocado una ola de protestas y despertado acusaciones de brutalidad hacia las minorías. En esas condiciones, «no era seguro ser policía, no podían hacer su trabajo», dice Tanya. «Yo sentía que era muy peligroso para él».

Ser bombero parecía más seguro. Y con mejor horario, lo que le permitiría ayudar a Tanya en la tienda, pasar más tiempo con ella y con la familia que planeaban tener.

Por ambas razones, cuando lo aceptaron en el Departamento de Bomberos, Villanueva decidió dejar el trabajo que tanto le gustaba y empezar de cero en el FDNY. «Él siempre quería ser el mejor en lo que hacía, así que al comienzo fue muy difícil para él cambiarse del Departamento de Policía para convertirse en bombero», dice James Ellson, quien fue su compañero de colegio y uno de sus mejores amigos. «Empezó en algo de lo que no sabía nada, tuvo que empezar desde abajo».

Si bien extrañaba ser policía, le gustaba la unidad y camaradería de sus nuevos colegas. Según el teniente Andrew Graf, «hay que ser un poco niño para ser bombero» y Villanueva tenía el perfil ideal: valiente y calmado a la hora de apagar incendios, bromista y divertido cuando estaban de vuelta en la compañía de bomberos. Después de graduarse de la academia, fue asignado a Engine 4, a sólo siete cuadras del World Trade Center, donde se hizo conocido por su gusto por los puros —que fumaba constantemente—, su gran sonrisa y, sobre todo, sus aptitudes culinarias.

Generalmente son los bomberos más antiguos los que cocinan y los novatos quedan a cargo de limpiar y lavar los platos. En Engine 4, la excepción era Villanueva. Había trabajado durante años en el restaurante de su familia, Piccolo San Marino, en Bayside, Queens, y sus colegas gozaban con los platos italianos que eran su especialidad. Así que dejaban que se hiciera cargo y que mandara a bomberos con 15 o 20 años de antigüedad a picar verduras y revolver ollas. Y siempre que Villanueva cocinaba, el lugar se llenaba de humo. «No sé cómo lo hacía», cuenta riendo Louis López, uno de sus amigos en Engine 4. «Algunos de los mejores incendios los tuvimos en la cocina».

Pasada la Navidad del año 2000, Villanueva decidió deshacerse del pino que habían decorado en Engine 4 y que ya estaba seco. Lo puso junto al poste por donde se deslizan los bomberos cuando suena la alarma y prendió un fósforo. Obviamente no sabía mucho sobre la capacidad combustible de un pino seco. Antes de que pudiera reaccionar, el árbol ardía fuera de control y el humo invadió el primer y el segundo piso de la compañía. En su intento por apagar el fuego, este bombero terminó con el pelo y las pestañas chamuscadas. «Fue divertido. Pudo haber terminado mal, pero fue muy divertido», recuerda Steven Fucili.

De más está decir que un bombero se puede meter en problemas por incendiar su propia compañía, pero el teniente Graf, que estaba al mando esa noche, sentía un afecto especial por Villanueva. «Le dije un par de cosas, pero él y otros compañeros limpiaron todo», cuenta Graf. Durante dos o tres días fregaron pisos, pintaron las paredes y quitaron el hollín del poste. Graf quedó satisfecho: «Parecía como si nada hubiera pasado». Salvo por un detalle: una hendidura en la puerta de la oficina donde el teniente trabaja y duerme, en el segundo piso. El humo era tan espeso que Villanueva y otros bomberos pensaron que Graf podía estar asfixiándose, así que subieron corriendo y patearon la puerta para rescatar al teniente. Sólo entonces descubrieron que Graf estaba bien y que la puerta no estaba cerrada con llave. La hendidura sigue ahí, uno de los muchos recuerdos que dejó Sergio Villanueva en Engine 4.

«Estaba ansioso por aprender y lo hacía muy rápido. Y era muy bueno en su trabajo. Le gustaba lo que hacía, le gustaba el desafío», dice Graf, que ha sido bombero durante 33 años y que considera a Villanueva uno de los mejores novatos que ha tenido a su cargo. «Él podría haber sido una de las estrellas del Departamento de Bomberos, si hubiera estado un poco más de tiempo».

* * *

Como parte de la formación de los bomberos nuevos, el departamento los rota durante tres años para exponerlos a distintos tipos de construcciones e incendios. A comienzos de 2001, Villanueva fue asignado a Ladder 132, en Prospect Park, Brooklyn. De un área tranquila, como

Wall Street, pasó a una de las compañías de bomberos más activas de Nueva York.

Estaba feliz con el cambio. «Él andaba en busca de acción», cuenta el teniente Graf, que se mantuvo en contacto con Villanueva después de que dejó Engine 4. Tommy Burn, teniente de Ladder 132, dice que «para ser bombero hay que ser adicto a la adrenalina» y en esa compañía Villanueva encontró justo lo que andaba buscando.

En los frecuentes incendios de Brooklyn, Villanueva empezó a encontrarse con James Ellson, que trabaja en otra de las compañías del sector. Para Ellson, que pertenece al FDNY hace más de trece años, era extraño ver a su amigo de toda la vida convertido en bombero. «Yo crecí con él y ahora me lo encontraba en el trabajo y lo veía con su uniforme de bombero. Parecía como si fuera Halloween», cuenta.

La mañana del 11 de septiembre, los dos amigos estaban trabajando. No era el turno de Villanueva, pero él había cambiado con un compañero para poder ir a un cumpleaños durante el fin de semana. Cuando sonó la alarma, Ladder 132 partió hacia el World Trade Center. Los bomberos de Ladder 111, donde trabaja Ellson, recibieron la orden de quedarse a la espera. En cuanto colapsó la primera torre, ignoraron sus instrucciones y fueron al lugar. Ellson sabía que Ladder 132 estaba ahí.

Como millones de personas, Tanya vio por televisión cuando el segundo avión impactó al World Trade Center. Inmediatamente se preocupó por los bomberos de Engine 4: «Eso es lo que pensé todo el día. Está ahí. Está buscando a sus amigos de Engine 4». A las dos de la mañana recibió un llamado del Departamento de Bomberos: Sergio Villanueva había desaparecido junto con cinco de sus compañeros de Ladder 132.

Pocas horas después recibió la noticia de que Sergio estaba bien. Llamó al Departamento de Bomberos y le confirmaron la información. «Llamamos para comprobar, dos, tres, cuatro veces y nos dijeron que sí, que definitivamente estaba fuera de la lista de los desaparecidos y que estaba bien», recuerda Tanya. ¿Pero dónde? Nadie tenía idea.

En el caos de los primeros días, cuando el Departamento de Bomberos enfrentaba la peor crisis de su historia, la última página con el nombre de los desaparecidos se perdió. La lista estaba en orden alfabético. La noche del miércoles 12, el error quedó en claro y Sergio Villanueva volvió a figurar entre los desaparecidos. Seis meses después seguía en esa lista. Su cuerpo, y el de los otros cinco bomberos de Ladder 132, no habían sido encontrados.

Como los otros sobrevivientes del FDNY, James Ellson pasó días, semanas y meses entre los escombros del World Trade Center buscando a colegas, compañeros y amigos. Después de tres o cuatro días supo que no iba a haber buenas noticias. Llamó a uno de los muchos amigos que Sergio y él tenían en común. «Ellos estaban corriendo de hospital a hospital, averiguando si lo habían llevado ahí, y no quería que siguieran haciéndolo», recuerda. Fue él quien tuvo que decirles que «Sergio no va a volver a casa».

Unas semanas después del 11 de septiembre, Tanya decidió honrar al hombre que no iba a ser su esposo, cumpliendo con lo que él había querido. En octubre cambió su nombre a Tanya Villanueva.

Cómo ayudar

◆

La autora de este libro y Planeta Publishing Corp. harán una donación al fondo de becas de la Sociedad Hispana del Departamento de Bomberos, que beneficia a hijos de los uniformados. Quienes deseen ayudar a las familias de los bomberos que fallecieron el 11 de septiembre, pueden enviar sus donaciones a:

El fondo de becas de la Sociedad Hispana:

Hispanic Society FDNY Scholarship Fund.

87-30 204th St A47

Hollis, NY 11423

Los cheques deben estar a nombre de Hispanic Society FDNY (anotar que el dinero es para el «Scholarship Fund»).

El fondo para las viudas e hijos de los bomberos de Nueva York:

Uniformed Firefighter's Association
C/O: UFA Widows' and Children's Fund.
204 East 23rd Street
New York, New York 10010

Los cheques deben estar a nombre de UFA Widows' and Children's Fund.

Agradecimientos

Este libro no habría sido posible sin la confianza y el apoyo de muchas personas. A todos ellos les doy mis más sinceras gracias.

A mis padres, Víctor Aguilera y Catalina Passalacqua, que a miles de kilómetros de distancia leyeron varios capítulos, hicieron valiosos comentarios y me alentaron y apoyaron en los momentos difíciles, como siempre lo han hecho. A mi hermano, Víctor, que a comienzos de año me aseguró que todo iba a salir bien, y es una de las mejores personas que conozco.

A Diane Stockwell, mi agente, y Marla Norman, mi editora en Planeta Publishing, que desde el principio creyeron en esta idea y en mi capacidad para llevarla a cabo en plazos que parecían imposibles. Sin ambas, *Nuestros héroes* no habría pasado de ser una propuesta de diez páginas.

A las familias, que me dieron entrevistas y colaboraron con este libro, en un momento tremendamente doloroso y difícil. En especial, gracias a Marie Anaya (quien creó un website sobre su marido, www.h-e-r-os.com/calixtoanaya.html), Gladys Rodríguez, Susan e Yvette Correa, Manuel del Valle Sr., Peter y Grace Moyer, Rowena Guadalupe, Miriam y Louis Juarbe, Joviana Mercado, Judith Mojica, Anna Mojica, Helen y Olga Pappageorge, Gina Pinos, Sally Suárez, Robert Tirado, Maureen Rosenberg y Tanya Villanueva.

A Alberto Rojas Moscoso, uno de los mejores amigos que una persona puede tener, cuya ayuda me permitió tener el tiempo y la tranquilidad para escribir este libro.

Al teniente Miguel Ramos, presidente de la Sociedad Hispana del Departamento de Bomberos, que me ayudó a contactar a varias de las familias y me dio valiosa información.

A Pamela Gutiérrez, Charlie Keenan, Andrés Fernández, Alberto Mosquera, Nandi Rodrigo, Roland Jones, Cecilia Corbalán, Kevin Maney, Jack Lutkowitz, Julia Passalacqua, Hilda Campos y Rick Bosch, por los consejos y el apoyo.

A Jesse J. Gardner, el capitán Bruce Lindahl y los bomberos de Engine 221/Ladder 104, George Tzelios, el teniente Carlos Vásquez, el teniente Andrew Graf, Danny Murphy, DC Larue, Daniel Alfonso, George Verschoor, Josh Nathan y, muy especialmente, a Ángel Rivera.

A Carmen Alicia Fernández, editora de *Selecciones del Reader's Digest*, donde se publicó mi artículo sobre Sergio Villanueva.

A Wesley Mathewson y a Maya Dollarhide, que en las últimas semanas me ayudaron a transcribir entrevistas.

Y, por cierto, a las decenas de bomberos que me abrieron sus compañías y me hablaron de aquellos días difíciles, de sus hermanos caídos y de un trabajo que todos ellos adoran.